있는 그대로 멕시코

나의 첫 다문화 수업 12
있는 그대로 멕시코

초판 1쇄 발행 2023년 8월 20일

지은이 정문훈

기획편집 도은주, 류정화
마케팅 박관홍
표지 일러스트 엄지

펴낸이 윤주용
펴낸곳 초록비책공방

출판등록 제2013-000130
주소 서울시 마포구 월드컵북로 402 KGIT 센터 921A호
전화 0505-566-5522 팩스 02-6008-1777

메일 greenrainbooks@naver.com
인스타 @greenrainbooks @greenrain_1318
블로그 http://blog.naver.com/greenrainbooks
페이스북 http://www.facebook.com/greenrainbook

ISBN 979-11-93296-00-4 (03940)

어려운 것은 쉽게 쉬운 것은 깊게 깊은 것은 유쾌하게

초록비책공방은 여러분의 소중한 의견을 기다리고 있습니다.
원고 투고, 오탈자 제보, 제휴 제안은 greenrainbooks@naver.com으로 보내주세요.

있는 그대로 멕시코

정문훈 지음

초록비책공방

농담기 가득한 축제의 나라

처음 멕시코를 만난 건 2006년 여름, 프랑스 중부의 한 작은 마을에서 워크캠프*Workcamp*에 참가하면서였다. 워크캠프는 여러 나라 청년들이 2~3주동안 함께 생활하며 교류하는 프로그램이다. 다양한 국적의 친구들 중 멕시코 친구인 후안은 유독 유쾌했고 위트가 넘쳤다. 매순간 특유의 유머가 끊이질 않았다.

워크캠프 기간동안 마을 사람들은 우리를 따뜻하게 보살펴 주었다. 매일 아침 숙소 앞에 갓구운 바게트와 직접 만든 잼과 과일, 치즈까지 한아름 놓아주고 가셨다. 호의에 보답하고 싶어 캠프 친구들과 인터네셔널 데이*International Day*라는 행사를 기획했다. 마을 사람들을 초대해 각국의 요리와 디저트를 대접하는 자리였다. 그런데 여기서 후안의 장난기가 발동했다.

영어에 서툴렀던 프랑스인 기욤이 후안에게 초대 포스터를 만들어 달라며 "드로우 아피쉬*Draw affiche*"라고 말했는데 후안이 포스터 중앙에 떡하니 익살스러운 물고기 한 마리를 그려놓은 것이다. 드로우*Draw*는 영어로 '그리다'이고 아피쉬*affiche*는 프랑스어로 '포스터'이다. 프랑스어도 구사하던 후안이 '아피

4

쉬'가 포스터를 의미했음을 모르진 않았을 것이다. 하지만 후안은 이 재미난 기회를 놓치지 않았다. 당황한 기욤이 왜 초대 포스터에 물고기를 그렸냐고 묻자 후안은 당당하게 "네가 물고기 한 마리(a fish)'를 그리라고 하지 않았냐."며 능청을 떨었다. '아퓌시'와 발음이 비슷한 'a fish'를 그린 것이다.

멕시코 사람들에게 농담은 그들 삶의 일부이다. 멕시코를 대표하는 화가인 프리다 칼로는 소아마비와 교통사고로 수십 차례에 걸쳐 수술을 해야 했고 세 번이나 유산의 아픔을 겪은 절망적인 상황에서도 이렇게 농담을 했다. "나는 나의 슬픔을 술에 익사시키려 했지만 그 망할 것들이 수영하는 법을 배웠다."

두 번째 멕시코와의 만남은 교환학생으로 떠난 캐나다에서였다. 전공과목인 경영학 수업을 들으며 영어 실력을 배양하기 위해서였다. 하지만 한 달도 지나지 않아 나의 캐나다 생활은 예상치 못한 방향으로 흘러갔다. 스페인어를 교양 과목으로 들었는데 그 매력과 재미에 흠뻑 빠져버린 것이다. 여기에 학교에서 매주 제공하는 교환학생 대상 프로그램도 한몫했다. 함께 인근 교외의 목장에 가서 말을 타기도 하고, 빙판 위의 체스인 컬링을 배우기도 하고, 아이스하키나 미식축구 경기도 같이 보러 다녔다. 프로그램 참석자 대부분은 중남미 친구들이었고, 그중에서도 멕시코 친구들이 가장 많았다. 그리고 그들과 만난 뒤 액티비티가 몇 곱절이 더 늘었다.

멕시코 친구들은 어떻게든 명분을 만들어 파티를 열었다. 이벤트가 없는 날이 이상할 지경이었다. 리듬감 있는 비트와 생기있는 멜로디에 맞춰 춤을 추며 흥에 취했다. 멕시코인들은 스스로를 파창게로*Pachanguero*, '축제를 좋아하는 사람'이라고 부른다. 멕시코인의 특성을 잘 대변하는 말이다. 그들은 삶의 고단함을 축제로 승화시킨다. 멕시코인들과 함께라면 삶이 무료할 틈이 없다. 그렇게 나도 멕시코 친구들 덕에 하루하루를 활기차고 행복하게 보냈다.

세 번째 만남은 멕시코 본토에서였다. 스페인어 실력을 키우고 프랑스와 캐나다에서 사귄 멕시코 친구들도 만날 겸 떠난 여정이었다. 지역별로 친구들 집에서 얼마간 머물 생각이었다. 그런데 역시나 이번에도 내가 세운 계획은 오래가지 못했다.

멕시코 친구들은 본인 가족은 물론 사촌에 팔촌까지 계속해서 새로운 친구들을 소개해주었다. 중남미 작가 마르케스의 《백년의 고독》에 등장하는 5대에 걸친 부엔디아 가문 만큼이나 멕시코 친구와 가족이 늘어났다. 덕분에 친구들이 있던 멕시코시티, 과달라하라뿐 아니라 소도시 이곳저곳을 여행하며 한시도 지루할 틈 없이 추억을 쌓을 수 있었다.

멕시코를 떠난 이후에도 나는 늘 현지 소식이 궁금해 기사를 찾아보고 이역만리 멕시코 친구들과 안부를 주고 받았다. 멕시코에 대한 애정과 그리움이 사무쳐 몇 년 전부터는 사내에서 라틴 역사/문화 클래스, 스페인어 클래스를 운영해오고 있기도 하다. 그러자 언젠가는 이 과정에서 쌓인 멕시코와 관련한 콘텐츠를 책으로 엮어 많은 이에게 멕시코를 알리리라 다짐하기도 했다. 그리고 운 좋게도 초록비책공방의 〈나의 첫 다문화 수업〉 시리즈를 만나 그 꿈을 실현하게 되었다.

이 책을 다 읽고 나면 멕시코에 대한 단편적인 지식을 넘어 멕시코 사회 문화 전반의 다채로운 매력을 만끽할 수 있을 것이다. 미국의 이웃 국가로서 점점 더 커져가는 멕시코의 정치적·경제적 영향력에도 새삼 놀랄 것이다. 특히 축제와 농담을 사랑하는 멕시코인들에게 한층 더 정감이 갈 거라 믿는다.

끝으로 이 책을 출간하는 데 있어 다비드와 리카르도를 비롯해 여러 멕시코 현지 친구들의 도움이 컸다. 친구들 덕분에 멕시코인들의 실제 생각과 생생한 이야기를 담을 수 있었다. 함께 혼신의 힘을 다해 책을 만들어주신 윤주용 대표님, 멕시코를 경험할 수 있게 응원해주신 부모님, 책 작업에 몰입할 수 있게 배려해주신 장모님과 장인어른께도 마음속 깊이 감사함을 전한다. 계속 나아갈 수 있는 힘을 주는 사랑하는 아내와 딸아이에게도 고마운 마음을 전한다.

차 례

1부 올라! 멕시코

2부 멕시코 사람들의 이모저모

5부 여기를 가면 멕시코가 보인다

퀴즈로 만나는
멕시코

여러분은 멕시코에 관해 얼마나 알고 있나요?
이 책을 보기 전에 퀴즈를 풀어 봅시다.
정답을 맞히지 못하더라도 퀴즈를 풀다 보면
멕시코에 관한 호기심이 생길 거예요.

Q1.

디즈니 영화 〈코코〉의 배경이
되는 기념일은?

❶ 망자의 날   ❷ 씽코 데 마요   ❸ 독립기념일
❹ 크리스마스   ❺ 동방박사의 날

Answer. ❶ 망자의 날

영화 〈코코*Coco*〉는 멕시코의 망자의 날을 배경으로 한다. 매년 10월 31일 부터 11월 2일까지 멕시코 사람들은 죽은 친지나 친구들을 기억하면서 명복을 빈다. 메리골드로 화려하게 제단을 꾸미고 망자들을 맞이한다. 사람들은 왁자지껄 떠들며 음악과 함께 춤을 춘다. 망자의 날은 무거운 제식이 아닌 화려한 축제에 가깝다.

Q2.

행진곡 〈라쿠카라차〉와 관련한 역사적 사건은?

❶ 멕시코 혁명 ❷ 멕시코-미국 전쟁 ❸ 텍사스 독립전쟁
❹ 프랑스-멕시코 전쟁 ❺ 미국, 캐나다와 NATFA 체결

Answer. ❶ 멕시코 혁명

20세기 초 멕시코에는 자본가와 농민 사이에 오랜 갈등이 누더기처럼 쌓여 있었다. 계층 간의 차별과 갈등은 계속 심화되었고 결국 1910년 민중의 분노가 폭발했다. 정부의 탄압에 맞서 멈추지 않고 진군하는 혁명군의 모습이 마치 바퀴벌레와 닮았다고 해서 부른 노래가 〈라쿠카라차〉이다.

Q3.

멕시코에는
몇 개의 언어가 있을까?

❶ 1개　　❷ 3개　　❸ 69개　　❹ 102개　　❺ 31개

Answer. ❸ 69개

멕시코에는 스페인어를 제외하고도 무려 68개나 되는 다른 언어가 존재한다. 이 중에는 다양한 원주민어들이 있다. 여전히 160만 명이 넘는 멕시코인이 사용하는 나와틀어가 대표적이다. 멕시코 중부와 남부를 중심으로 여전히 1,100만 명에 이르는 인구가 토착어를 사용하고 있다.

Q4.

다음 중 옥수수가 들어가는 요리가 아닌 것은?

❶ 께사디야 **❷** 부리또 **❸** 몰레
❹ 타코 **❺** 엔칠라다

Answer. ❸ 몰레

몰레 이외의 나머지 요리는 모두 옥수수로 만든 또르띠야*tortilla*가 사용된다. 옥수수는 멕시코인들의 주식이다. 몰레는 초콜릿으로 만든 검은 빛깔의 걸쭉한 소스에 밥과 닭고기 등을 넣어 먹는 요리이다.

● 몰레

Q5.

다음 중 멕시코인이
아닌 인물은?

❶ 프리다 칼로 ❷ 디에고 리베라 ❸ 기예르모 델 토로
❹ 샤키라 ❺ 카를로스 푸엔테스

Answer. ❹ 샤키라

프리다 칼로와 디에고 리베라는 멕시코의 대표 화가이다. 기예르모 델 토로는 멕시코 출신의 영화계의 거장이고, 카를로스 푸엔테스는 멕시코인의 삶을 대변하는 소설가이다. 샤키라는 콜롬비아 출신의 가수이다.

● 프리다 칼로

● 디에고 리베라

● 기예르모 델 토로

● 샤키라

● 카를로스 푸엔테스

1부

올라!
멕시코

"선인장 위에 독수리가 뱀을 물고 있는 곳에 도읍을 세워라"

– 아스테카의 건국 신화

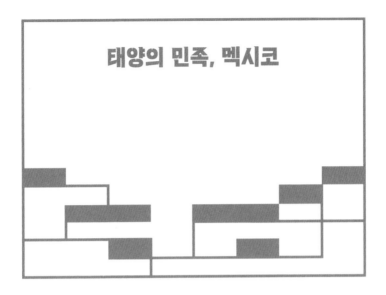

태양의 민족, 멕시코

　멕시코는 태양의 나라이다. 이는 멕시코인의 뿌리인 아스테카*Azteca*와 마야*Maya* 문명에 답이 있다. 아스테카인들은 태양을 움직인 사람들이고 마야인들은 태양과 가장 가까운 사람들로 불린다. 안타깝게도 우리는 그들을 인신공양을 일삼는 미개한 문명으로 기억하지만 여기에는 유럽 중심의 시각이 담겨 있다. 스페인에서 건너온 콩키스타도르*conquistador*(스페인 정복자)의 아메리카 침략을 정당화하려는 것이다. 아스테카인과 마야인의 야만성을 강조해야 침략과 문명화의 당위를 설명할 수 있기 때문이다.

　멕시코를 건립하는 토대가 된 아스테카의 경우 대규모 도시를 건설했고 뛰어난 천문학 기술을 보유하고 있었으나 그들이 일궜던 문명은 잘 알려져 있지 않다. 노예를 제외한 남녀 모두에게 의무교육을 했을 만큼 선진적인 사회 시스템도 있었으나 이에 대한 이야기는 온데간데없다.

그런데 왜 그들은 인신공양에 집착을 했던 걸까? 이를 이해하려면 그들이 과거부터 어떤 믿음을 가지고 있었는지에 대한 이해가 필요하다. 멕시코인들은 자신들이 다섯 번째 태양의 시대에 살고 있다고 믿는다. 그렇다면 첫 번째에서 네 번째 태양의 시대는 무엇을 의미하는 걸까? 여기부터는 멕시코 원주민어로 된 이름이 나오므로 조금 어려울 수 있다. 마음의 준비를 단단히 하길 바란다.

첫 번째 태양의 시대는 창조의 신 테스카틀리포카가 다스린 '재규어의 시대'이다. 소나무의 씨앗을 먹는 거인이 존재했는데 재규어들이 거인을 물어뜯어서 모두 없애 버렸다. 그리고 재규어들도 서로를 공격해 세상에서 소멸되었다. 두 번째 태양의 시대는 바람의 신 케찰코아틀이 다스린 '바람의 시대'이다. 이 시대 사람들은 콩을 먹고 살았다. 그런데 강한 바람이 불어 태양이 꺼졌고 세계는 멸망했다. 세 번째 시대는 농업의 신 틀랄록이 다스린 '비의 시대'이다. 사람들은 물 위에 농사를 지었다. 그런데 화산 폭발로 세상이 잿더미가 되어 또 한 번 세계가 멸망했다. 네 번째 시대는 물의 여신 찰치우틀리쿠에가 다스린 '물의 시대'이다. 비가 엄청나게 내려 세상이 잠겨 버렸는데, 이때 태양은 피라미드인 테오티우아칸*Teotihuacán*의 신성한 모닥불로

● 테스카틀리포카(창조의 신이자 전쟁의 신)　　● 케찰코아틀(바람의 신)

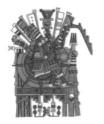

● 틀랄록(농업의 신)　　● 찰치우틀리쿠에(물의 여신)　　● 토나티우(태양의 신)

숨어버린다. 수십 년이 흘러 세상에서 물이 빠져나가자 거대한 통나무에 숨어 있던 한 쌍의 부부가 뚜껑을 열고 나왔다. 배가 고팠던 둘은 물고기를 구워 먹으려 불을 피웠다. 그런데 그 연기가 하늘을 노하게 하여 창조의 신이었던 테스카틀리포카가 부부의 목을 잘라 세상이 또 멸망해버렸다.

　세상이 계속 멸망하자 신들이 테오티우아칸 모닥불 주위에

● 아스테카의 석조 달력, 태양의 돌

모여 누가 다음 태양이 될지를 논의했다. 이때 가난한 신인 나나우아친이 모닥불의 불길로 뛰어들어 태양신 토나티우로 다시 태어나게 되었다. 이를 지켜보던 부유한 신인 테쿠시스테카틀이 그를 따라 불길에 뛰어들어 그 또한 태양이 되었다. 세상에 태양이 두 개가 된 것이다. 태양이 둘이 되는 세상을 상상해 본 적 있는가? 모든 것을 녹여버릴 것만 같았다. 신들은 결국 두 번째 태양에 토끼를 던져 다치게 만들었다. 이 태양은 결국 빛이 약해지더니 달이 되었다. 여기에 바람의 신 케찰코아틀이 슬며시 바람을 불어넣어 다섯 번째 태양의 시대가 시작되었다.

태양신은 자신을 희생해 빛을 만들었듯 지상의 사람들도 희생하기를 바랐고 아스테카인들은 이러한 믿음을 실천해왔다. 그들은 현재의 다섯 번째 태양을 계속해서 빛나게 하기 위해 인신공양을 해온 것이다.

앞서 소개한 신화에서 태양신이 탄생한 테오티우아칸은 멕시코의 대표적인 유적지이다. 멕시코시티로부터 북동쪽으로 약 40km 떨어진 곳에 위치해 있다. 흔히 피라미드는 이집트에 있다고 알려졌는데, 이곳에 위치한 멕시코의 피라미드도 높이는 이집트 피라미드보다 낮지만 사방으로 넓게 퍼져 있어 크기가 상당하다. 제단이 있던 최상단까지 걸어 올라갈 수 있다는 것도 멕시코 피라미드만의 매력이다. 테오티우아칸은 거대 문명의 터전이자 문화가 융성했던 곳이다. 이곳에는 신화의 내용을 그대로 반영하듯 두 개의 피라미드가 있다. 해의 피라미드*Pirámide del Sol*와 달의 피라미드*Pirámide de la Luna*가 그것이다.

태양의 맥주 코로나와 솔

개기일식은 태양, 달, 지구가 평행을 이루며 달이 태양을 완전히 가리는 현상이다. 짧게는 수십 년, 길게는 수백 년을 주기로 발생한다. 개기일식 동안에는 대낮인데도 하늘이 캄캄하고 별이 보이는데, 자세히 관찰하면 태양 주위에 하얗고 밝게 빛나는 부분이 있다. 이를 코로나*Corona*라고 하는데, 스페인어로 'corona'는 왕관이나 왕죄를

의미한다. 지난 몇 년간 우리를 엄청나게 답답하게 만든 '코로나'도
같은 철자이다. 바이러스를 전자현미경으로 관찰해보니 겉 부분이
왕관 또는 태양의 코로나와 비슷하다고 해서 붙은 이름이다.

코로나 팬데믹 기간 동안 큰 관심을 받은 맥주가 있다. 투명 유리병
에 왕관 마크가 새겨진 코로나 엑스트라 *Corona Extra* 이다. 병 입구에
라임을 꽂아 시원하게 마시는 라거 맥주이다. 하지만 하필 바이러
스와 이름이 같아서 괜한 멍에를 쓰기도 했다.

태양과 관련한 또 다른 맥주로 솔 *Sol* 을 들 수 있다. 솔은 스페인어로
'태양'을 뜻한다. 솔 맥주는 중국의 칭따오 맥주처럼 독일 이주민에
의해 탄생했다. 1899년에 만들기 시작해서 1990년대까지는 멕시
코 중심부에서만 팔다가 판매 지역을 조금씩 확대해나갔다. 현재는
세계 글로벌 시장에 꾸준히 수출을 늘려가고 있다.

코로나 엑스트라 맥주와 솔 맥주의 공통점은 투명한 병에 태양의
빛깔과 같은 금빛 맥주가 보인다는 것이다. 자외선에 맥주가 손상
될 수도 있지만 두 맥주는 되레 강렬한 태양의 에너지를 흡수한 듯
하다. 또한 두 맥주 모두 멕시코의 주식이라 할 수 있는 옥수수 전분
이 들어있어 고소한 맛이 난다. 이들의 인기에 힘입어 멕시코는 전
세계 맥주 수출의 압도적인 1위 국가가 되었다.

● 코로나 맥주　　　　　● 솔 맥주

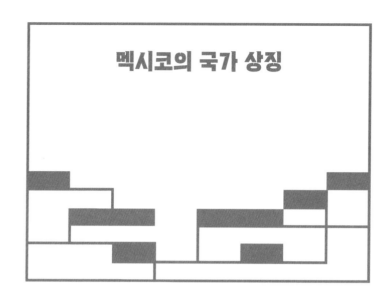

멕시코의 국가 상징

멕시코 국기

● 멕시코 국기

멕시코 국기에는 나라의 탄생 설화가 담겨있다. 우리나라로 치면 환웅과 웅녀가 등장하는 단군신화를 담은 것이다. 독수리 한 마리가 날개를 펴고 선인장 위에 앉아있다. 발톱으로는 뱀을 잡고 입에도 뱀을 물고 있다. 아스테카 족의 수호신인 우이칠로포치틀리*Huitzilopochtli*가 "남쪽으로 가라. 선인장 위에서 뱀을 잡아먹고 있는 독수리를 볼 것이다. 그러면 그곳에 나라를 세워라."고 지시하자 아스테카족이 1325년 테노치티틀란*Tenochtitlan*이라는 나라를 세웠고, 이 나라가 토대가 되어 멕시코가 탄생했다고 한다.

멕시코 중앙 고원 지역에서 뱀은 케찰코아틀*Quetzalcóatl*이라는 최고의 신으로 대접을 받았다. 케찰코아틀은 바람의 신이기도 하다. 여기에 뱀은 지혜의 상징이자 생명의 기원을 뜻한다. 독수리는 우이칠로포치틀리가 잠시 변신한 것으로 신과 인간을 이어주는 매개 역할을 한다. 우이칠로포치틀리는 공격적이고 엄격한 신으로 통하는데, 안타깝게도 인신공양을 즐기는 잔인한 면이 있다. 이 때문에 뱀은 인신공양으로 바쳐지는 심장을 뜻하기도 한다. 독수리가 밟고 올라선 선인장은 아스테카 왕실의 문양으로 사용되었고 신성한 식물로 여겨졌다.

국기에서 선인장이 놓여있는 곳은 호수다. 아스테카족이 정착한 현재의 멕시코시티 지역이 호수를 매립한 곳이라는 역사를 보여준다. 우리나라보다 19배나 땅이 큰데 왜 굳이 호수를 매립했는지는 이해하기 어렵지만 말이다.

멕시코 국기를 구성하는 세 개의 색은 유럽의 삼색기에서 차용해왔다. 의미는 조금 다르다. 멕시코 국기의 초록색은 독립과 넓은 대지와 천연자원을 뜻한다. 중앙의 하얀색은 정직함과 통일성을 뜻하고, 붉은색은 유럽계 백인, 메스티소, 원주민 등 여러 인종의 통합과 피와 땀을 흘려 헌신한 순국선열을 의미한다. 이 국기는 1810년 스페인에 맞선 멕시코 독립전쟁부터 사용되었다. 일부 특권 계층을 표방하는 국기가 아닌 모든 국민을 포용하는 국기이다 보니 멕시코인들은 국기에 대한 자부심이 높다. 국기의 세 가지 색인 트리콜로르*tricolor*를 건드렸다가 혼쭐난 경우도 있다. 나야리트주에서 일어난 일이다.

2022년 9월 13일 나야리트 주정부에서 후안 에스쿠티아*Juan Escutia* 공원에 멕시코 국기를 게양했다. 이날은 멕시코-미국 전쟁에서 마지막 순간까지 저항한 여섯 명의 젊은 사관생도를 기리는 날이다. 공원 이름인 '후안 에스쿠티아' 또한 그중 한 명의 이름이다. 그는 미국 군대가 성 꼭대기의 멕시코 국기를 탈환하는 모습을 차마 볼 수 없어 최후의 순간 멕시코 국기를 몸에 감아 투신했다고 한다. 그런데 주정부가 국기의 초록색과 빨간색 부분을 체리색으로 바꿔 내건 것이다. 체리색은 멕시코 여당이자 나야리트 주지사가 속한 정당 '국가재건운동*MORENA*'을 상징하는 색이었다. 국민적인 기념일을 정치적인 목적으로 이용하자 국민들의 공분이 거세졌다. 결국 주지사가 대국민 사과를 하고 나서야 사태가 마무리되었다.

멕시코 국가(國歌)

멕시코 국가는 전쟁에 맞서는 용맹함과 자유를 갈구하는 울부짖음으로 가득하다. 1943년 대통령 마누엘 아빌라 카마초*Manuel Ávila Camacho*에 의해 공식 채택되었는데, 총 10절에 이를 정도로 내용이 방대하다. 애국가 4절까지도 외우기가 쉽지 않은데 과연 이를 외워 부르는 사람이 있을까 싶지만, 1절 가사와 반복되는 후렴 가사는 다음과 같다.

1절

Ciña ¡Oh Patria! Tus sienes de oliva

de la paz el arcángel divino,
성스러운 천사처럼 고귀한 그대의 얼굴,

오, 조국이여! 평화의 올리브 가지와 함께하리.

que en el cielo tu eterno destino por el dedo de Dios se escribió.
천국에 계신 하느님의 손으로 그대의 영원한 운명을 썼도다.

Mas si osare un extraño enemigo profanar con su planta tu suelo,

piensa, ¡Oh, Patria querida!, que el cielo
하지만 만약에 외적들이 감히 그대의 땅을 무엄하게 짓밟을 때, 사랑하는 조국이 깨닫고서, 하늘에서 그대를 구원하리.

un soldado en cada hijo te dió.
아들들은 전사로 성장하리.

후렴

Mexicanos, al grito de guerra
멕시코인들이여, 전쟁의 외침을 들어라

멕시코 국가 듣기

el acero aprestad y el bridón,
검과 고삐로 무장하라.

y retiemble en sus centros la tierra
대지를 흔들리게 하라.

al sonoro rugir del cañón.
대포의 강렬한 포효로부터

　가사 중 멕시코 역사에서 의미가 가장 큰 단어는 '라 띠에라 *la tierra*'이다. 스페인어로 '대지'를 뜻한다. 스페인에서 멕시코에 이식한 것 중 아시엔다 *hacienda*라는 제도가 있다. 대토지 소유제를 기반으로 하는 농장 운영 방식으로 스페인 식민지 시절 통치 수단으로 쓰였다. 수탈한 토지를 소수의 지주에게 나누어주고 소작농을 부리는 형태인데, 그 크기가 워낙 커서 최근에는 아시엔다가 있던 곳에 고급호텔이나 리조트를 짓기도 한다.

　아시엔다는 결론적으로 극복하기 힘든 빈부격차와 사회 계층이 고착화를 가져왔다. 20세기 초에 발생한 멕시코 혁명은 이 문제를 타파하기 위한 민중의 울부짖음이었다. 이들은 토지 개혁을 기치로 '토지와 자유 *Tierra y Libertad*'를 외쳤다. 후렴구에서 보듯 "대포 소리가 대지 *tierra*를 흔들"었지만 민중은 이보다 더 강하게 기득권에 맞섰다. 그리고 결국 혁명에 성공했다.

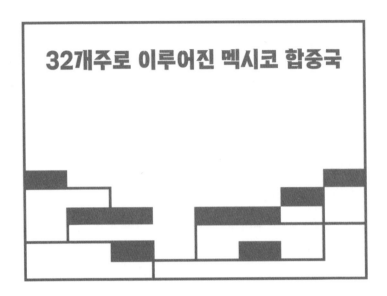

32개주로 이루어진 멕시코 합중국

멕시코는 북쪽으로 미국과 국경을 접한다. 동쪽으로는 카리브해, 서쪽으로는 태평양이 있다. 전체 해안선의 길이가 약 9,300km에 이르는 천혜의 환경을 품고 있다. 카리브해의 칸쿤*Cancún*, 태평양의 푸에르토 바야르타*Puerto Vallarta*, 미 서부와 맞닿아 있는 반도인 바하 칼리포르니아*Baja California*, 최남단에 위치한 로스 카보스*Los Cabos*와 같이 세계적인 해양 도시가 많다. 나라 면적은 197만km²에 이르러 우리나라보다 19배 이상 큰데 인구는 1억 3,000만 명으로 우리의 3배가 채 되지 않는다. 이 때문에 도심을 벗어난 외곽 지역은 자연환경이 보존된 곳이 많다.

남동쪽으로는 두 개의 나라와 국경을 맞대고 있다. 멕시코

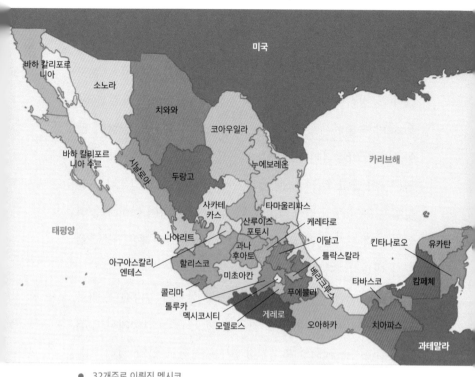

● 32개주로 이뤄진 멕시코

와 마야 문명의 역사를 공유하는 과테말라와 찰스 3세가 국왕

을 겸하는 영연방 국가인 벨리즈이다. 멕시코의 정확한 이름

은 멕시코 합중국 *The United Mexican States*이다. 미국의 영향을 받

아 탄생한 국명으로 미합중국 *The United States of America*처럼 여러

주가 만나 하나의 국가를 이룬다. 미국은 50개주, 멕시코는

32개주이다. 오랜 기간 31개주였는데, 2016년 연방구로 구분

했던 수도 멕시코시티를 32번째주로 통합했다. 많은 수의 주만큼이나 특색이 다양하다.

먼저, 멕시코 북부 지역은 미국의 직접적인 영향권에 놓여 있다. 긍정적인 측면은 NAFTA(북미자유무역협정)를 체결한 이후 대미 수출이 꾸준히 증가해왔다는 점이다. 제조 공장이 많이 지어져 안정적인 성장세를 보여오고 있다. 미국과 지리적인 접근성이 좋고 제조한 상품을 운반하기 위한 교통 인프라도 잘 갖춰져 있어 성장 잠재력 또한 높다. 우리 기업이 많이 진출해 있는 공업 도시 몬테레이*Monterrey*가 있는 누에보레온*Nuevo León* 주가 대표적이다.

하지만 조금 더 북부 지역으로 가면 상황이 달라진다. 미국 텍사스주와 국경을 마주한 치와와*Chihuahua*주, 그중에서도 최북단 도시 후아레스*Juárez*는 정세가 불안하고 마약 거래를 둘러싼 갱단의 싸움이 끊이지 않는 위험한 지역이다.

중부 지역으로 내려오면 멕시코의 영광과 굴욕의 역사를 한데 품고 있는 수도 멕시코시티가 있다. 텍스코코 호수에 물을 메워 세운 이 도시는 중남미 최초의, 그리고 최대의 도시로 꼽힌다. BBC에 따르면 멕시코시티는 주변 대도시권을 포함해 세계에서 10위권 내의 큰 도시로 꼽힌다. 1900년대 초 50만 명에 불과했던 이곳 인구는 1970년대 도시 이주가 늘며 900만 명으로 크게 증가했다. 현재는 2,100만 명이 넘는 대도시로 성장했다.

멕시코시티에서 서쪽으로 550km 정도 가면 멕시코의 3대 도시로 꼽히는 할리스코*Jalisco*주의 과달라하라*Guadalajara*가 나온다. 깨끗하게 정돈된 느낌의 이 도시는 진한 감성과 애수에 찬 마리아치*mariachi*의 고향이다. 마리아치는 바이올린, 기타의 현악기와 트럼펫을 함께 연주하며 노래하는 멕시코 전통 음악이다. 사랑, 혁명, 애국심 등 인간사의 모든 것을 노래한다. 마리아치 밴드는 챙이 넓은 모자인 솜브레로를 쓰고, 멋드러지게 전통의상을 갖춰입고 광장에서 연주한다. 이 도시는 멕시코를 대표하는 데킬라의 발상지이기도 하다. 과달라하라 인근에 위치한 데킬라 마을에 가면 알코올을 만드는 원료인 아가베 농장 투어를 할 수 있다.

멕시코시티와 과달라하라 중간 지점에 과나후아토*Guanajuato*주가 있다. 이 주의 주도는 같은 이름의 과나후아토인데, 스페인 식민 시기 은광이 발견되어 세계 최대의 은 생산지로 번영했다. 도시 곳곳에 화려한 바로크 양식 건축물이 즐비한 이유도 경제적으로 부유했던 은광의 역사 덕분이다.

앞서 언급한 멕시코시티, 과달라하라, 과나후아토 모두 1,500m가 넘는 고도에 위치해 있다. 우리나라 평균 고도가 500m가 채 되지 않는 데 비하면 상당히 높은 편이다. 멕시코는 국토의 절반 이상이 고원 지대이다. 지역별로 기후의 편차도 크다. 고원 지대는 온대성 기후로 건조하고 온화한 반면, 해안가는 연중 내내 고온 다습한 기후가 유지된다.

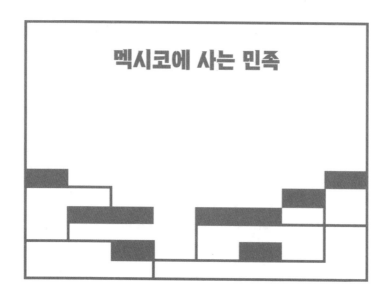

멕시코에 사는 민족

● 과거 누에바에스파냐의 모습

멕시코는 세계사의 주요 흐름과 함께 점차 다양한 인종으로 확대되었다. 1519년 에르난 코르테스가 이끄는 스페인 군대의 멕시코 침략이 다인종 국가의 촉매제가 되었는데, 이 시절 스페인은 지금의 멕시코 지역을 새로운 스페인을 뜻하는 누에바에스파냐*Nueva España*로 명명했다.

스페인 침략자인 콩키스타도르들은 멕시코 지역의 지배권을 유지하기 위해 원주민 여성들과 관계를 맺어 자손을 늘렸

누에바에스파냐 영토(18세기 말)

다. 물론 본토에서 건너온 스페인 여성이 절대적으로 적은 탓
도 있다. 이 과정에서 혼혈 인구가 꾸준히 확대되었고 이렇게
탄생한 스페인계 백인과 원주민의 혼혈을 메스티소*mestizo*라고
한다. 스페인어로 '피가 섞였다'는 의미이다. 메스티소는 멕시
코 전체 인구의 약 60%를 차지한다.

　기준에 따라 통계에 차이가 있지만 메스티소 다음으로 아메
리카 원주민인 아메린디언*Amerindian*의 비중이 높다. 멕시코 원
주민을 '인디오'라고 통칭하는 것은 그들의 다채로움을 제대
로 들여다보지 못한 것이다. 마치 한국인, 일본인, 중국인을 동

● 메스티소(스페인계 백인과 원주민의 혼혈)

● 아메린디언(아메리카 인디언)

● 마야족

● 사포텍족

아시아인으로 통칭하거나 스웨덴, 덴마크, 노르웨이 사람들을 북유럽인으로 일반화해 버리는 것과 같다. 멕시코에는 각기 다른 언어와 특유의 문화를 가진 다양한 민족이 존재한다. 대표적으로는 아스테카 문명의 나우아족Nahua과 마야 문명의 마야족Maya이 있다. 멕시코 남부 오아하카Oaxaca주의 사포텍족Zapotec, 중서부 미초아칸Michoacán주의 푸레페차족Purépecha도 오랜 기간 문명을 이뤄온 대표적인 인디오이다. 다음으로 스페인계인 백인이 10% 정도에 이르며 흑인과 동양인이 그 뒤를 잇는다.

멕시코에서 스페인계 후손들은 대규모 농장인 아시엔다를 운영했다. 정복자들은 예고없이 공유지를 불법

점유하거나 원주민의 삶의 터전을 약탈하는 등 여러 방법을 동원해 땅을 차지했고 이렇게 확보한 원주민의 토지나 미개척지를 유럽에서 건너온 이들에게 나누어주었다. 그리고 그 땅에 커피나 사탕수수 농사를 지어 유럽으로 수출했다. 당시 유럽에서 커피와 설탕의 인기는 상당했다. 아시엔다를 경영하면 소작농을 관리하는 것만으로 쉽게 부를 축적할 수 있었다. 이렇게 유럽에서 이민자가 꾸준히 유입되었고 멕시코 현지에서 태어난 스페인계 백인 후손도 늘어났다.

흑인은 멕시코 인구의 2~3% 정도로 파악되는데, 콩키스타도르들이 퍼뜨린 천연두 같은 질병 탓에 원주민이 많이 죽어 그 빈 자리를 메울 노동력이 필요했기 때문이다. 아프리카에서 건너온 흑인 노예들은 오랜 세월을 거치는 동안 동화되어 원주민과 흑인의 혼혈, 백인과 흑인의 혼혈인 물라토*mulatto* 도 차츰 늘어났다.

동양인은 전체 인구의 1% 정도에 불과한데 그 시작은 필리핀인이었다. 스페인은 과거에 볼리비아 포토시*Potosi* 등지에서 생산된 은을 필리핀 마닐라를 거점으로 하여 중국과 삼각무역을 했다. 은을 중국의 금이나 비단, 도자기 등과 교환하고 중국의 물품을 유럽에 보급하며 수익을 거두는 방식이다. 이 과정에서 필리핀인 중 일부가 멕시코로 넘어왔고 이후 노동력이 필요했던 멕시코에 중국인, 한국인 등이 건너왔다. 그리고 지금은 그 후손들이 살아가고 있다.

미국을 삼킬 최종병기, 히스패닉

코로나 팬데믹이 한창이던 시절, 미국 내에서 아시아인들이 무차별 폭행을 당한 사건이 많이 벌어졌다. 당시 폭행을 저지른 상당수는 흑인이었고 이 때문에 미국 내 인종 차별이 화두가 되기도 했다. 미국 사회를 구성하는 인종의 등급까지 매기는 경우도 있었다. 1위는 모두의 예상대로 백인인 코케이전 *Caucasian* 이다. 다음이 흑인이며 그 뒤를 이어 히스패닉과 아시아인이 자리했다.

물론 이러한 인종 분류법은 매우 바람직하지 못하다. 하지만 이에 호응하는 사람도 상당하다. 굳이 이 등급에 근거를 대보자면 미국 의회에 진출한 의원 수에서 그 답을 찾아볼 수 있다. 2023년에 출범한 제118대 미국 의회에는 상하원을 모두 포함한 534명 의원 중 유색인종은 25%인 133명이었다. 흑인 의원이 60명, 히스패닉이 54명, 아시아계가 18명으로 뒤를 이었다. 정치적 영향력으로 보았을 때 앞서 소개한 인종별 등급과 유사한 결과이다.

그런데 결과가 아닌 증가 추이를 보았을 때는 히스패닉이 단연 압도적이다. 2001년 제107대 의회와 비교해보면 당시 19명이었던 히스패닉 의원이 2023년에는 무려 세 배 가까이 늘어난 셈이다. 당시 36명이었던 흑인 의원은 1.7배 정도 증가에 그쳤다.

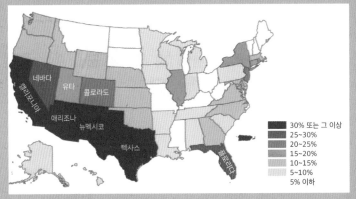

30% 또는 그 이상
25~30%
20~25%
15~20%
10~15%
5~10%
5% 이하

● 미국 내 히스패닉 인구비중(출처 : 2020년 미국 인구 조사)

퓨리서치센터*Pew Research Center* 에 따르면 미국 내 히스패닉의 비중이 급속히 늘고 있다. 1970년 1,000만 명이 안 되는 수준이었는데, 최근 그 규모가 엄청나게 늘어나 2010년 5,000만 명 정도에서 2021년에는 총 6,200만 명을 넘어섰다. 같은 시기 미국 인구는 2,300만 명 늘어난 게 전부이다. 히스패닉이 전체 인구 증가분의 52%를 차지한 셈이다. 이 추세가 이어지면 2050년에는 미국 전체 인구에서 히스패닉의 비중이 29%에 이를 것으로 예상된다. 그에 따라 히스패닉의 정치적 영향력도 커질 것이다. 이런 이유로 미국이 가장 눈치를 봐야 할 국가는 멕시코이다. 2021년 히스패닉 6,200만 명 중 멕시코 출신은 약 60%에 달하는 3,700만 명이다. 그 다음으로 많은 푸에르토리코(약 9%)는 이미 미국의 속령이고, 3위인 엘살바도르 출신이 250만여 명(약 4%)에 불과한 점을 고려하면 멕시코의 영향력이 압도적이다. 즉 히스패닉의 마음을 얻지 못하는 이는 갈수록 미국 대통령이 되기 어려울 것이다.

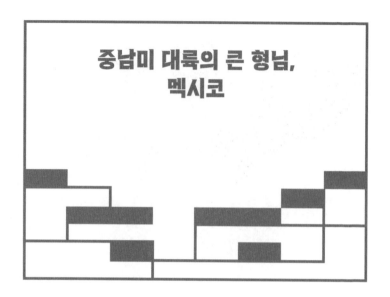

중남미 대륙의 인플루언서, 멕시코

멕시코는 중남미 대륙을 대표하는 큰 형님이다. 아스테카와 마야 문명의 발상지라서 고대 도시의 흔적이 도처에 남아 있다. 멕시코는 다채로운 문화로 가득하며 빈번하게 열리는 축제로 생동감이 넘친다. 중남미 총 인구가 6억 5,000만 명인데, 이 중 멕시코 인구가 1억 3,000만 명에 달한다. 중남미 국가 중 브라질을 제외한 스페인어 문화권에서 멕시코는 단연 압도적이다.

캐나다 교환학생 시절, 캠퍼스에서 제공한 국제 교환학생 프로그램에서도 멕시코, 콜롬비아, 칠레, 페루, 엘살바도르, 푸에르토리코 등 다양한 중남미 나라 친구들이 있었지만 함께 대화를 나누다 보면 어떤 주제든 마치 자석이 이끌리듯 멕시코 사례를 중심으로 이야기가 전개되곤 했다. 멕시코 친구들이 더 많기는 했지만 그들이 대화를 독점하거나 자기네 나라 이야기를 무리하게 한 적은 없다. 오히려 다른 중남미 국가 친구들이 자연스레 멕시코에 대한 이야기를 많이 했다.

여기에는 환경적인 요소가 컸다. 일단 레스토랑이건 패스트푸드점이건 가장 많이 접할 수 있는 중남미 요리가 멕시코 요리였다. 멕시코에서 건너온 이민자들이 미국화한 텍스멕스 *Tex-Mex* 요리는 캐나다 어디를 가든 만날 수 있었다. 남녀 간의 사랑, 불륜, 배신을 주제로 한 중남미 국가의 일일연속극 '텔레노벨라*telenovela*'에 대해 이야기할 때도 모두가 좋아하는 작품은 멕시코의 것이 많았다.

스페인어권 중남미 국가 중 인구, 땅의 면적, 자원 등 대부분의 영역에서 압도적 1위인 멕시코가 큰 형님 노릇을 하는 것은 지극히 자연스러운 일일 수 있다.

멕시코 경제의 영광과 굴욕, 그리고 도약

멕시코는 경제적으로도 중남미의 맏형 역할을 해오고 있다. 2022년 말 기준으로 멕시코의 경제 순위는 세계 14위이다. 국

● 중남미 경제의 맏형 멕시코의 성장세

가의 총 GDP는 1.42조 달러 (약 1,860조 원)에 이른다. 멕시코 사회의 뿌리라 할 수 있는 스페인까지 넘어섰다 (스페인 GDP는 동기 1.39조 달러). 브라질을 제외한 중남미 국가 중 압도적인 1등이다. 스페인어권 중남미 국가 중 GDP 규모 2위는 아르헨티나로 0.63조 달러에 불과하다.

멕시코 경제가 세계의 관심을 받은 시기는 2014년이다. 당시 골드만삭스 자산운용회장이던 짐 오닐Jim O'Neill이 '민트MINTs'라는 용어를 만들었다. 경제 성장이 유망한 경제 신흥 4개국의 이니셜을 묶어 표현한 말이다. 멕시코Mexico, 인도네시아Indonesia, 나이지리아Nigeria, 튀르키예Turkiye를 말한다. 모두 인구가 많고 영토가 크다는 공통점이 있다. 짐 오닐은 과거 '브릭스BRICs'라는 용어를 만들기도 했다.

지금의 멕시코는 안정적인 경제 성장을 보여주고 있지만 우여곡절이 많았다. 특히 20세기에 경제적으로 큰 아픔을 겪었는데 이는 석유와 밀접하게 관련되어 있다.

석유는 검은 황금으로 불린다. 우리는 이 검은 황금의 수혜를 받은 지역이 사우디, 카타르와 같은 중동만이라고 생각하지만 사실은 꼭 그렇지만도 않다. 이 지역 외에도 세계 여러 곳에서 기름이 나온다. 1942년 일본이 인도네시아를 침공했을 때 수마트라섬의 팔렘방 지역이 최대 공략 목표였던 이유도 이곳에 큰 유전이 있었고 전쟁을 지속하려면 석유가 매우 중요했기 때문이다.

멕시코에도 유전이 있고 꽤 많은 양의 석유가 난다. 1979년 이란혁명 이후 세계를 강타한 2차 오일쇼크 당시 멕시코는 우리나라와 정반대 상황을 겪었다. 석유 공급의 부족과 가격 폭등으로 세계는 큰 혼란과 어려움을 겪고 서방 국가들이 누리던 자본주의 황금기도 끝났지만 멕시코의 재정은 되레 불어났다. 당시 1인당 GDP도 우리나라의 두 배가 넘는 3,800달러까지 치솟았다. 그런데 이런 좋은 기회에 멕시코 정부는 잘못된 결정을 내리고 말았다. 벌어들인 돈을 제조업이나 새로운 산업에 투자하지 않고 안주해버린 것이다. 석유의 가치가 계속 높을 것이라 믿고 도시를 개발하고 철도, 도로, 항만 같은 사회 인프라를 구축하기 위해 많은 돈을 외국에서 끌어왔다. 당시만 해도 재정적인 여유가 충분했고 이자율이 높지 않은 데다 공공부채가 수십 배 증가하긴 했지만 석유로 버는 돈이 있으니 큰 문제가 없을 것으로 생각했다. 초기에는 정부가 계획한 대로 흘러갔다. 한동안 유가가 고공행진을 했기 때문이다.

그런데 경기는 순환하는 법이다. 1981년부터 석유의 전 세계 생산량이 점차 늘어났고 유가가 조금씩 내려갔다. 여기에는 달러의 본산인 미국의 영향도 컸다. 석유 파동은 달러화의 가치 하락을 야기했고, 돈의 가치가 하락하자 물가가 상승했기 때문에 미국도 특단의 조치, 즉 금리를 무지막지한 수준으로 끌어올린 것이다. 1981년 미국의 기준 금리가 20%까지 오르자 멕시코의 외채 부담은 상당히 커졌다. 설상가상으로 하락한 유가는 멕시코 경제에 큰 타격을 입혔다. 멕시코 정부는 예상한 재정을 확보하지 못했고 결국 1982년 외채를 갚을 수 없다는 모라토리움을 선언했다.

이후에도 멕시코 경제는 오랜 기간 어려움을 겪었다. 노동시장의 규제완화와 구조조정으로 빈곤계층이 크게 늘었고 빈부격차도 급격히 커졌다. 이를 극복하기 위해 여러 개혁 정책을 추진했지만 한 번 무너진 경제를 회복하기란 쉽지 않았다. 멕시코 경제는 오래도록 신음했다. 하지만 약 40년이 지난 지금 멕시코는 중남미의 대표로서 세계 경제의 전면에 급부상하고 있다. 1억 3,000만여 명에 이르는 내수시장과 세계 최대 소비국인 미국을 마주하고 있고, 경제를 지탱할 젊은 층이 두껍다는 것도 강점으로 작용하고 있다. 앞으로의 성장이 더 기대되는 이유이다.

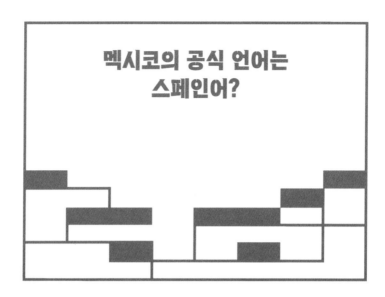

멕시코의 공식 언어는
스페인어?

스페인어 외에 존재하는 68개의 다른 언어

"멕시코 사람들은 어떤 언어를 사용하나요? 혹시 멕시칸어를 쓰나요?"

주변에서 은근히 자주 받는 질문이다. 중남미 지역은 이역만리 지구 반대편에 위치해 있다. 딱히 이 지역에 관심을 가질 계기가 없었다면 누구나 궁금해할 만하다.

멕시코는 스페인어를 쓴다. 그런데 모두가 스페인어를 사용하는 것은 아니다. 무려 약 1,100만 명에 이르는 인구가 토착어를 쓴다. 이들 중 대부분은 멕시코 중부와 남부에 집중되어 있다. 오아하카주의 경우 원주민어를 사용하는 비율이 인구의

30%를 넘으며, 치아파스^{Chiapas}주나 유카탄^{Yucatán}주도 20%를 상회하는 인구가 원주민어를 쓴다.

멕시코에는 스페인어를 제외하고도 무려 68개나 되는 언어가 있다. 이 중에는 160만 명이 사용하는 나와틀어^{Nahuatl}도 있고 겨우 수십 명이 사용해서 소멸의 과정을 거치는 언어도 있다. 스페인어는 90%가 넘는 멕시코인들이 사용하는데, 놀랍게도 스페인어는 멕시코의 공식 언어가 아니다. 멕시코 사회를 구성하는 다양한 원주민과 그들의 언어를 존중하는 차원에서 공식으로 지정하지는 않았다.

멕시코식 스페인어는 스페인 본토의 스페인어와는 차이가

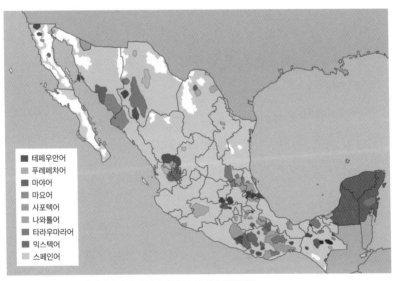

테페우안어
푸레페차어
마야어
마요어
사포텍어
나와틀어
타라우마라어
믹스텍어
스페인어

● 스페인어와 지역별 역사와 특색이 담긴 68개의 원주민어

있다. 멕시코에서 쓰는 스페인어는 원주민어에서 유래된 단어가 많다. 가장 많은 영향을 받은 원주민어는 나와틀어이다. 스페인은 토마토를 '토마테*tomate*'라고 하는데, 멕시코에서는 '히토마테*jitomate*'라고 한다. 음료를 마시는 빨대도 스페인에서는 '파히야*pajilla*'라고 하지만 멕시코에서는 '포포테*popote*'라고 한다. 포포테는 '빗자루를 만드는 나무'를 뜻하는 나와틀어 포포틀*popōtl*에서 유래했다.

나와틀어 다음으로 많이 사용되는 원주민어는 주로 마야 문명과 관련되어 있다. 지상낙원 칸쿤이 위치한 유카탄 반도가 주 무대인데, 인류사를 연구하는 멕시코의 언어학자 피덴시오 브리세뇨 첼*Fidencio Briceño Chel*은 마야어에서 파생된 가장 아름다운 스페인어로 '차마코*chamaco*'를 꼽았다. 마야어에서 찬*chan*은 작다는 의미이고 막*maák*은 사람을 의미한다. 차마코는 스페인어로 '소년'을 친근하게 부르는 말이다.

카카오톡이 멕시코 원주민어에서 왔다고?

원주민어가 멕시코식 스페인어에만 영향을 준 것은 아니다. 콜럼버스의 교환*Columbian Exchange* 과정●에서 역으로 스페인 본

● 콜럼버스의 교환은 왕실의 지원을 받은 크리스토퍼 콜럼버스의 아메리카 발견

토에 전해진 단어도 많다.

콜럼버스의 교환 이후 세계의 생활상이 크게 변화했다. 미국의 역사학자 알프레드 크로즈비*Alfred W. Crosby*에 따르면 크게 세 영역에서 교환이 일어났다. 질병, 동물, 작물이다. 원주민은 천연두에 면역력이 없어 삽시간에 퍼진 이 병에 대부분이 죽었다. 돼지, 말, 소 등 가축 또한 유럽에서 아메리카로 건너왔다. 작물은 그 반대였다. 아메리카에서 유럽으로 많은 과일과 채소가 전해졌다. 우리에게도 일상이 되어버린 토마토, 감자, 고구마, 피망, 아보카도, 옥수수 모두 아메리카에서 전해진 것이다. 다음은 멕시코의 나와틀어에서 파생된 스페인어들이다.

나와틀어	스페인어	영어	뜻
tomatl(토마틀)	*tomate*(토마테)	*tomato*	토마토
cacáhuatl(카카우아뜰)	*cacahuete*(카카우에떼)	*peanut*	땅콩
élotl(엘로뜰)	*elote*(엘로떼)	*corn*	옥수수
chilli(칠리)	*chile*(칠레)	*chili pepper*	고추
ahuacatl(아우아카뜰)	*aguacate*(아구아카테)	*avocado*	아보카도

미국의 유명 멕시칸 레스토랑 프랜차이즈 중 '치포틀레*Chipotle*'가 있다. 캘리포니아주에만 450개 이상, 히스패닉 비중이 낮은 동부의 뉴욕주에도 200개 매장에 이를 정도로 인기가

후 대륙 간에 서로 전해지면서 영향을 준 것들을 말한다.

● 미국의 멕시칸 음식 프랜차이즈 치포틀레

높은 레스토랑이다. 치포틀레는 본래 할라피뇨를 훈연 건조시킨 것을 뜻한다. 스모키하고 매콤한 맛이 느껴진다. 할라피뇨는 멕시코와 미국 남부의 요리가 퓨전된 텍스멕스 요리에 많이 쓰이는 식재료이다. 치포틀레라는 단어도 나와틀어의 '칠폭틀리*chilpoctli*'에서 왔다. 어느 사이에 멕시코의 원주민어에서 유래한 말이 미국 곳곳에 퍼져 있는 것이다.

또 하나의 잘 알려진 원주민어가 있다. 바로 '카카오*cacao*'이다. 카카오는 마야어 '카카와*kakawa*'에서 왔다. 우리가 일상에서 쓰는 '카카오톡*Kakaotalk*'은 예쁘고 달콤하게 대화를 나누라는 의미로 카카오 열매에서 유래했다. 카카오나무 열매는 초콜릿의 원재료로 쓰인다. 현재는 아프리카 지역이 최대 산지라서

● 카카오나무의 카카오 열매와 카카오 콩

아프리카에서 건너온 것으로 아는 사람도 있지만 사실 카카오
는 '유럽-중남미-아프리카'의 삼각 무역으로 멕시코에서 아프
리카로 전해진 것이다.

우리에게 카카오는 초콜릿의 원재료일 뿐이지만 멕시코에
서는 역사와 함께해온 귀중한 열매이다. 마야에서 아스테카로
전해진 카카오는 그 용도가 다양했다. 아스테카 왕족과 귀족
들은 손님을 맞이할 때 초콜릿 음료를 대접했고, 제식에서 음
용으로 쓰였으며, 전투에 참여한 전사들에게는 에너지를 북
돋는 용도로 쓰였다. 바다를 건너온 침략자 에르난 코르테스
*Hernán Cortés*에게 잘못된 호의를 가졌던 아스테카의 황제 몬테
수마 2세*Moctezuma II*가 그에게 초콜릿 음료를 대접했다는 기록
도 있다. 이후 코르테스는 카카오 콩을 스페인으로 가져와 상
류층에게 '최음제'로 판매하여 큰 수익을 거두기도 했다. 초콜
릿은 사랑의 묘약으로 알려지며 유럽 전역에서 인기를 끌었다.

카카오 콩은 화폐로 쓰이기도 했다. 하루에 초콜릿 음료를 50잔이나 마실 정도였던 '초콜릿 왕' 몬테수마 2세가 카카오 콩을 화폐로 받아들였다는 설이 있다. 당시 사람들은 카카오 콩의 개수에 따라 칠면조나 토끼를 살 수 있었고 세금으로 납부하기도 했다. 아스테카 문명이 멸망한 뒤에도 카카오 콩은 오랜 기간 멕시코 사회에서 중요한 역할을 했다.

'라따 라따 아라따'의 멕시코식 스페인어

스페인어를 사용하는 나라 중 표준어라 할 수 있는 나라는 어디일까? 일단 이베리아 반도의 스페인 본토는 아니다. 스페인에서 쓰는 스페인어는 단어 자체가 다른 경우가 많다. 단적인 예로 휴대전화를 스페인에서는 '모빌*móvil*'이라고 하는 반면 중남미에서는 '셀루라르*celular*'라고 한다. 그러면 중남미의 맏형인 멕시코에서 쓰는 스페인어가 표준일까? 멕시코도 아니다. 중남미 여러 나라 친구들과 이야기를 나눠보면 중미와 남미를 잇는 콜롬비아가 표준어에 가깝다고 한다. 그렇다면 멕시코식 스페인어는 표준어와 무엇이 다를까?

오래전 한 개그 프로그램에서 곤잘레스라는 멕시코인 캐릭터가 있었다. 당시 유행어가 "라따 라따 아라따('알았다'는 의미)"였는데, 멕시코식 스페인어의 특징을 매우 잘 잡아냈다. 멕

● 부리또(burrito)　　　　　● 파히타(fajita)

시코식 스페인어에는 원주민어와의 연관성 외에도 독특한 측면이 있다. 단어 끝에 '이또 *ito*'나 '시또 *cito*'가 쓰이는 경우가 많다는 것이다. 이 접미사가 기존 단어에 결합되면 크기가 조금 더 작은 것을 의미한다.

　머리 아픈 외국어 이야기로 느껴질 수 있지만, 우리가 이미 알고 있는 단어도 많다. 먼저 모기를 뜻하는 '모스끼또 *mosquito*'는 스페인어로 파리를 뜻하는 '모스카 *mosca*'에 'ito'가 붙어 생긴 말이다. 파리에 비해 훨씬 덩치가 작은 모기를 '작은 파리'라고 부른 것이다. 아가씨를 뜻하는 '세뇨리따 *señorita*'나 어릴 적 학교에서 했던 '마니또 *manito*' 게임도 멕시코식 스페인어이다. 세뇨리따는 부인, 여사 등 결혼한 여성을 일컫는 세뇨라 *señora*에 'ita'가 결합되어 젊은 여성, 아가씨를 뜻한다. 손이라는 의미의 '마노 *mano*'에 'ito'가 붙은 '마니또 *manito*'는 비밀 친구를 의미한다.

멕시코식 스페인어의 장점은 'ito'나 'cito' 활용법을 통해 한 번에 두 개의 단어를 공부할 수 있다는 것이다. 멕시칸 레스토랑에서 먹을 수 있는 부리또를 예로 들어보자. 부리또는 20세기 초 멕시코 혁명과 관련이 있다. 독재 정부에 대항한 민중이 먹는 따뜻한 한 끼로 음식 재료를 또르띠야로 덮어 당나귀 등 위에서 따뜻한 온기를 유지한 음식이다. 고기, 콩, 밥 등을 또르띠야로 돌돌 말아 싼 부리또는 당나귀 등의 봇짐 모양을 닮았다 하여 당나귀를 뜻하는 스페인어인 '부로*burro*'에 'ito'가 결합하여 '부리또*burrito*'가 되었다. 단어 그대로 해석하면 '작은 당나귀'라는 의미이다. 이 때문에 스페인어를 조금이나마 배운 경우 부리또를 '당나귀 고기로 만든 요리'로 오해하기도 한다.

미국식 멕시코 음식 중 '파히타*fajita*'가 있다. 흔히 '멕시칸 플래터'라는 이름으로 판매하는 요리이다. 파히타는 구운 소고기나 닭고기, 새우 등을 길쭉하게 썬 야채와 콩 요리와 함께 또르띠야에 싸 먹는 요리이다. '파하*faja*'는 스페인어로 복대나 긴 띠를 의미한다. 파히타의 음식이 마치 짧은 띠처럼 길쭉하다는 데서 유래했다. 과거 마야의 여인들이 스커트나 의복을 고정하기 위해 자수를 놓아 만든 벨트를 '파하'라고 불렀다. 근사한 옷을 입은 마리아치 연주자들이 허리에 두르는 천 벨트 또한 '파하'라고 한다.

멕시코 이민자 2세인 듯 말하기

멕시코 스페인어를 통틀어 가장 멕시코스러운 표현을 꼽자면 '안달레 뿌에스*ándale pues*'라고 할 수 있다. '안다르*Andar*'는 '거닐다'는 뜻의 동사이다. '뿌에스*pues*'는 '그래서'라는 의미의 부사이다. 이렇게 두 단어가 만나 '좋다', '괜찮다'라는 의미로 쓰인다. 별거 아닌 것 같은 이 말을 멕시코인과 대화를 마무리할 때 써보시라. 처음 만난 멕시코인일지라도 매우 신기해하고 반가워할 것이다. 이 외에도 스페인어 교재에는 절대 나오지 않는 멕시코식 표현이 많이 있다. 먼저 '정말 끝내준다!'라는 말은 '께 치도! *¡qué chido!*'라고 한다. 스페인어의 '께*qué*'는 영어의 'what'에 해당한다. '치도*chido*'는 스페인 북부 아스투리아스 지역에서 멕시코로 건너온 이민자가 전한 말로 '좋은', '아름다운'이라는 의미이다.

끝으로 멕시코 친구와 대화 중에 쓰면 좋은 추임새를 소개한다. 바로 '오랄레! *¡órale!*'이다. 영어로 'wow!'나 'oh, my god!'에 해당되는 표현으로 '정말이야?'라는 의미이다. 우리가 일상에서 '레알?'이라고 하는 것과 비슷하다. 물론 지금 소개한 표현은 비즈니스 미팅이나 만찬과 같은 공식적인 자리해서 쓰기에는 적절하지 않을 수 있다. 다만 몇 차례 미팅을 통해 조금 가까워진 사이라면, 적절한 때에 '안달레 뿌에스'는 꼭 한번 써보시라. 한층 더 편하고 친밀해질 것이다.

알아두면 유용한 멕시코식 스페인어

멕시코인들은 스페인어를 구사하는 외국인에게 친근감을 느낀다.
기본 스페인어만으로도 그들과 쉽게 친해질 수 있다.

만남과 기본 회화

스페인어(발음)	영어	의미
Hola(올라)	Hello	안녕
¿Cómo estás?(꼬모 에스따스?)	How are you?	안녕하십니까?
Estoy bien(에스또이 비엔)	I`m fine	저는 괜찮아요.
Soy ○○○(소이 ○○○)	I`m ○○○	나는 ○○○입니다.
Soy de Corea del sur (소이 데 꼬레아 델 수르)	I`m from South Korea	나는 한국에서 왔어요.
Buenos días(부에노스 디아스)	Good morning	좋은 아침
Buenas tardes(부에나스 따르데스)	Good afternoon	좋은 오후
Buenas noches(부에나스 노체스)	Good evening	좋은 저녁
Gracias(그라시아스)	Thank you	감사합니다.
Muchas gracias(무차스 그라시아스)	Thank you very much	매우 감사합니다.
No, gracias(그라시아스)	No, thank you	괜찮습니다.
De nada(데 나다)	You`re welcome	천만에요.
Lo siento(로시엔또)	I`m sorry	죄송합니다.
Disculpe(디스꿀뻬)	Excuse me	실례합니다.

스페인어(발음)	영어	의미
Sí(씨) / No(노)	Yes / No	예 / 아니오.
¿Dónde está OOO? (돈데 에스따 OOO?)	Where is ○○○?	○○○은 어디에 있나요?

물건/먹거리 구매 시(개수 등)

스페인어(발음)	영어	의미
¿Cuánto cuesta? (꾸안또 꾸에스따?)	How much does it cost?	(가격이) 얼마인가요?
Quiero esto(끼에로 에스또) ※ 물건을 손으로 가리키며 사용	I want this	이걸로 할게요
¿Qué es esto?(께 에스 에스또?)	What is this?	이것은 뭔가요?
Uno, Dos, Tres(우노, 도스, 뜨레스)	One, Two, Three	하나, 둘, 셋
Cuatro, Cinco, Seis (꾸아뜨로, 씽코, 세이스)	Four, Five, Six	넷, 다섯, 여섯
Siete, Ocho(시에떼, 오초)	Seven, Eight	일곱, 여덟
Nueve, Diez(누에베, 디에스)	Nine, Ten	아홉, 열
Para aquí(빠라 아끼)	For here	먹고 갈게요
Para llevar(빠라 제바르)	To go	테이크 아웃이요
Por favor(뽀르 빠보르)	Please	제발(정중히 부탁 시)

감정/상태 표현

스페인어(발음)	영어	의미
Estoy feliz(에스또이 뻴리스)	I`m happy	행복해요
Estoy encantado(에스또이 엔깐따도)	I`m delighted	아주 기뻐요
Muy rico(무이 리꼬)	It`s very tasty	정말 맛있어요
Estoy ocupado(에스또이 오꾸빠도)	I`m busy	바빠요
Estoy cansado(에스또이 깐사도)	I`m tired	피곤해요

스페인어(발음)	영어	의미
Tengo hambre(뗑고 암브레)	*I`m hungry*	배고파요
Tengo frío(뗑고 쁘리오)	*I`m cold*	추워요
Tengo calor(뗑고 깔로르)	*I`m hot*	더워요
Tengo sueño(뗑고 수에뇨)	*I`m sleepy*	졸려요

스페인어의 독특한 물음표와 느낌표

스페인어의 문장 부호에는 위아래가 바뀐 역물음표(¿?)와 역느낌표
(¡!)가 있다. 엎어진 물음표와 느낌표는 문장의 시작에, 우리가 흔히
쓰는 물음표와 느낌표는 문장의 마지막에 쓴다.

언제 어떤 계기로 이런 문장 부호가 생겨났을까? 여기에는 흥미로
운 역사가 있다. 먼저 1668년 영국 성공회의 철학자 존 윌킨스*John
Wilkins*가 반어적인 의미를 표현하는 목적으로 영어 문장에 엎어진
느낌표를 사용하자고 했으나 큰 호응을 얻지 못했다. 사람들의 호
응이 있었다면 자칫 영어의 문장 부호로 쓰일 뻔했다.

이후 18세기 중반에 스페인왕립학술원*Royal Spanish Academy*에서 엎어
진 물음표와 엎어진 느낌표를 각각 의문문과 감탄문의 맨 앞자리에
넣자고 제안했다. 문장의 전체적인 뉘앙스를 신속히 파악할 수 있
다는 장점 때문이었다. 그렇게 하면 첫 글자에서부터 해당 문장이
질의를 하기 위함인지, 놀라거나 감탄하는 내용인지를 한 눈에 알
수 있다. 처음에는 많이 사용하지 않았지만 시간이 흐르면서 사용
자들이 늘었고, 오랜 시간을 거쳐 지금과 같이 역물음표(¿?)와 역느
낌표(¡!)를 스페인어에서는 일상적으로 사용하게 되었다.

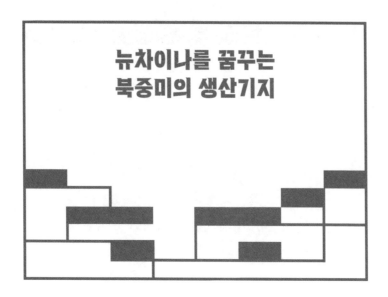

뉴차이나를 꿈꾸는
북중미의 생산기지

NATFA로 초강대국 미국과 손잡은 멕시코

현재의 자유무역과 세계화의 신호탄은 세계무역기구*WTO,
World Trade Organization*가 쏘아 올렸다. 기존에도 '관세와 무역
에 관한 일반 협정'인 GATT*General Agreements on Tariffs and Trade*
가 있었지만 불공정한 무역 행위를 제지하는 데는 한계가 있
었다. 결국 GATT를 다자간 무역기구로 발전시키고자 하는 우
루과이라운드 협상이 7년간 이어졌고 그 결과 WTO가 1995년
1월 1일 탄생했다.

WTO 출범보다 1년 앞서 세계 무역에 지각변동을 가져온
또 하나의 중요한 협정이 있다. 북미자유무역협정*NAFTA, North*

*American Free Trade Agreement*이다. 이는 유럽이 하나로 뭉치기 시작한 흐름과도 관련 있다. 여러 나라로 나뉜 유럽은 역내 경제권을 만들기 위해 1993년 11월 유럽연합 *EU, European Union*을 탄생시켰다. 이 과정을 지켜보면서 미국은 경제 패권이 유럽으로 넘어가지 않을까 염려했고 이 역사적 흐름 속에서 1994년 탄생시킨 것이 NAFTA이다. 처음에는 미국과 캐나다 사이에만 FTA를 맺었다가 멕시코까지 포함된 단일 경제권을 완성시켰다.

　NAFTA의 상징성이 워낙에 크다 보니 NAFTA의 발효로 미국과 멕시코의 교역이 시작된 것으로 알고 있지만 실상은 다르다. 미국과 멕시코는 이미 오랜 기간 교류해왔다. 그 시작은 제2차 세계대전으로 거슬러 올라간다. 미국이 연합군에 참전함으로써 젊은 남성들이 전장에 뛰어들자 전쟁으로 인해 생긴 노동력의 공백을 메우기 위해 1942년 멕시코 노동자들을 공식 초청하기로 합의했다. 이를 '브라세로 프로그램 *Bracero Program*'이라고 한다. 이를 계기로 멕시코인들은 국경지대에 위치한 미국의 공장에서 일하기 시작했고 양국의 교류가 크게 확대되었다. 1964년 브라세로 프로그램이 종료되자 멕시코는 미국 기업들이 멕시코에 공장을 짓고 멕시코의 저임금 노동력을 활용할 수 있도록 시장을 개방했다. 즉 다국적 기업이 멕시코에 직접 공장을 짓고 부품 등 원재료를 무관세로 수입해 멕시코에서 제품을 생산하고 수출할 수 있게 한 것이다. 이러한 자유 무역

● 브라세로 프로그램. 당시 국경 지대 미국 공장에서 일하는 노동자

● 마킬라도라. 자유 무역 체계 하에 공장에서 일하는 노동자의 모습

체계를 '마킬라도라*maquiladora*'라고 한다. 마킬라도라는 '방앗간에서 곡물을 빻아주고 그 대가로 받는 품삯'을 뜻한다. 멕시코에 진출한 외국 기업은 곡물을 방앗간에 맡기는 이가 되고, 멕시코 하도업체와 노동자들은 곡물을 정제하고 수고비를 받는 셈이다. 그런데 앞서 언급한 1982년 멕시코를 강타한 모라토리움은 멕시코의 인건비를 추락시켰고 페소화의 가치도 크게 떨어뜨렸다. 미국 기업들은 이를 놓치지 않고 앞다투어 마킬라도라 지역에 진출했고 1994년에 체결된 NAFTA는 이러한 마킬라도라의 성장을 가속화했다. 하지만 2000년대 초반까지 급성장을 하던 마킬라도라는 세계의 공장인 중국의 등장으로 쇠락의 길을 걸었다.

그렇다면 현재 NAFTA는 어떤 모습일까? 결론부터 말하면 NAFTA라는 용어는 사라졌다. 미국, 멕시코, 캐나다 3국이 재협상을 통해 USMCA*United States-Mexico-Canada Agreement*로 2018년 새롭게 태어났기 때문이다. 재협상은 도널드 트럼프*Donald Trump* 대통령이 주도했다. 그는 NAFTA로 미국이 큰 피해를 보았다며 미국의 이익을 최우선으로 하여 USMCA를 이끌어냈다.

먼저 원산지 기준을 강화했다. 멕시코 영토를 슬쩍만 거친 수출품에는 관세 혜택을 주지 않겠다는 것이다. 상품 제작 시에 멕시코 현지 공장에서 더 많은 공정을 진행하도록 했다. 예를 들어 자동차는 제조 시 사용되는 철강과 알루미늄의 70%가 북미산이어야 관세 혜택을 받을 수 있도록 했다. 여기에 노동의

부가가치 창출 기준을 마련하고 지식재산권도 더욱 강화했다.

USMCA에 추가된 내용 중 두드러지는 항목은 중국과의 자유무역협정을 금지한다는 것이다. 이 때문에 중국과의 FTA를 고려했던 캐나다와 멕시코 모두 양자 무역을 할 수 없게 되었다. NAFTA에서 USMCA로 바뀐 것이 멕시코 경제에 어떤 영향을 끼칠지 귀추가 주목된다.

페스케리아를 페스코레아로 바꾼 기아자동차

멕시코 북부에 위치한 누에보레온주의 주도인 몬테레이는 멕시코 산업화의 심장부와 같은 도시이다. 도시의 발전과 함께 쇼핑몰이 즐비하고 비즈니스 방문자를 위한 호텔도 많이 늘었다. 앞서 말한 마킬라도라를 통해 축적된 역량과 인프라는 물론 우수 인력 확보에 용이하다는 장점도 있다. 몬테레이에는 멕시코의 MIT라 불리는 몬테레이 공과대학*Instituto Tecnológico y de Estudios Superiores de Monterrey* 또한 위치해 있다. 이 대학 졸업생 중 상당수는 자연스레 몬테레이 지역에서 직장을 구한다.

누에보레온주는 멕시코를 대상으로 한 외국인 투자의 전체 중 절반가량이 몰릴 정도로 해외 기업들의 투자가 끊이지 않는 곳이다. 한국 기업들도 NAFTA의 관세 절감 혜택을 받기 위해 오랜 기간 꾸준히 이곳에 진출했다. 대표적인 기업이 기아

자동차이다. 기아자동차는 누에보레온주의 작은 시골 마을인 페스케리아 *Pesqueria* 지역에 2016년 9월 공장을 세우고 무려 30억 달러(약 3조 9,000억 원) 규모를 투자했다. 완성차 생산설비 뿐 아니라 품질센터, 주행시험장 등을 종합적으로 갖춘 이 공장은 무려 여의도의 두 배 크기에 이른다. 기아차의 진출은 국내 은행들의 현지 진출로 자연스레 이어졌다. 지금은 생산을 위한 2차, 3차 협력사들까지 함께 진출해 있다.

페스케리아는 원래 인구가 2만 명 남짓한 마을이었는데, 기아자동차가 진출한 후 인구가 여섯 배 가까이 늘고 경제도 크게 성장했다. 한국인이 늘어남에 따라 한국어로 된 간판도 쉽게 볼 수 있다. 이러한 영향으로 이곳은 본래 이름인 페스케리아와 한국의 스페인어식 표기인 코레아 *Corea*를 결합해 페스코레아 *Pescorea*라는 별칭으로 불리기도 한다. 기아자동차는 2022년 4억 8,000만 달러(약 6,000억 원)를 추가 투자하기로 결정했다. 연간 생산량 규모의 대폭 증가와 함께 기아자동차의 입지는 계속 커질 전망이다. 어쩌면 몇 년 후에는 이 마을의 진짜 이름이 페스코레아로 바뀌어 있을지도 모를 일이다.

미-중 갈등을 해결할 대안, 메이드 인 멕시코

세계 경제 패권을 쥐기 위한 미국과 중국의 무역 전쟁이 오랜 기간 이어지고 있다. 2018년 7월 미국이 340억 달러 규모의 중국 수입품에 25%의 보복관세를 부과한 데 이어 중국도 미국 농산품, 자동차 등에 똑같이 25%의 보복관세를 매기며 갈등이 표면화되었다. 이는 일시적인 현상이 아니다. 패권국인 미국은 더 이상 중국의 굴기를 두고 볼 수만은 없었다. 저임금에 의존한 노동집약적 경제를 넘어 IT와 첨단산업 영역까지 전방위적으로 미국을 위협하고 있기 때문이다.

문제는 중국 입장에서는 세계 최대 소비시장인 미국을 포기할 수 없고, 미국 입장에서도 중국 상품을 완전히 배제하기 힘들다는 것이다. 양국의 무역 충돌을 우회해 중국이 미국 시장에 침투한 대안이 바로 멕시코 진출이다. 멕시코 현지에 생산 기지를 짓고 멕시코인을 고용해 그들이 만든 제품으로 미국에 진출하는 것이다.

성격이 조금 다르기는 하지만 이와 유사한 예가 있다. 미국은 호메이니가 주도한 혁명으로 팔레비 왕조가 무너진 이란에 1979년부터 경제 제재를 단행했다. 이란이 반미를 내걸고 미국으로부터 돌아섰기 때문이다. 이란의 핵무기를 개발하자 2000년대에는 EU까지 가세해 주요 서방국가의 이란 제재가 시행되었다. 그 결과 이란은 붉은 황금이라 불리는 샤프란 *Saffron*을 서구권에 수출할 수 없었고 수출 대금 거래도 쉽지 않았다. 그러자 튀르키예와 거래를 하여 '메이드 인 튀르키예 *Made in Turkiye*'로 글로벌 시장에 이란 대신 샤프란을 판매하도

록 했다. 참고로 이란은 전 세계
80~90%의 샤프란을 생산한다.

● 메이드인 멕시코 로고를 스페인어
로 Hecho en Mexico라고 한다.

중국도 이와 매우 유사한 접
근을 시도한 것이다. '메이드 인
멕시코'가 찍힌 상품을 판매하더
라도 중국 입장에서는 손해 보
는 장사가 아니었다. 이미 중국
의 평균 임금은 멕시코를 추월했
다. 2022년 기준 제조업 분야 중국의 1인당 임금은 840달러인
데 멕시코는 480달러 수준이다. 낮은 임금의 장점은 운송 비용
도 크게 줄일 수 있다는 것이다. 멕시코에서 생산하게 되면 텍
사스주까지 트럭으로 값싸게 운송할 수 있다. 또한 '메이드 인
멕시코' 제품으로 판매하면 '메이드 인 차이나'가 주는 부정적
인 이미지를 일정 부분 털어낼 수 있다.

이러한 이유로 중국 기업들은 멕시코 북부 지역에 엄청난
규모의 투자를 진행하고 있다. 중국 기업들은 산업 단지를 완
전히 새롭게 지어버리는 방식으로 진출한다. 멕시코 중앙정부
와 주정부는 싼값에 토지만 제공하면 된다. 기타 제반 사항 마
련을 위한 비용은 크게 들어가지 않는다. 산업 단지가 구축되
면 이와 관련한 여러 유관 기업이 함께 들어온다. 이 과정에서
일자리가 창출되어 멕시코 경제에도 긍정적인 영향을 미친다.

함께 생각하고 토론하기

히스패닉 인구는 2050년이 되면 현재 미국 전체 인구의 19%에서 29%로 비중이 더욱 높아질 것으로 예상됩니다. 이에 따라 미국 사회에 끼칠 영향도 더욱 커질 것으로 보입니다.

● 이러한 현상이 2050년 미국에는 정치, 경제적으로는 어떤 영향을 끼칠까요? 2050년의 미국을 상상해봅시다. 히스패닉 중심인 사회로 미국이 바뀔 수 있을까요?

●● 버락 오바마 대통령이 최초의 흑인 대통령이었듯 최초의 히스패닉 대통령이 나오면 어떻게 될까요? 세계에 어떤 영향을 줄지 생각해봅시다.

●●● 2050년 우리나라는 출생인구의 감소로 전체의 약 10% 수준인 500만 명을 외국인이 차지할 것으로 예상됩니다. 2022년에 비해 네 배 정도 증가한 규모입니다. 외국인의 이민은 장점도 있지만 사회적 갈등을 야기하기도 합니다. 이를 위해 우리 정부와 사회는 어떤 준비를 해야 할까요?

2부
멕시코
사람들의 이모저모

"나는 나의 슬픔을 술에 익사시키려 했지만,
그 망할 것들이 수영하는 법을 배웠다."

– 프리다 칼로

농담과 해학으로 가득한 민족

　캐나다 유학 시절, 한 친구의 기숙사방에서 모였다. 네 명이 각자 방을 쓰고 중앙에 거실과 주방이 있는 형태였다. 은근히 공간이 넓었다. 여기에 15명 정도의 친구들이 함께 모일 일이 있었다. 내 생일이었다. 이 중 두 명의 핀란드 친구를 제외하면 모두 중남미 친구들이었고, 대부분은 멕시코 친구들이었다. 친구 방에 도착하니 풍선과 가렌드로 거실이 아기자기하게 예쁘게 꾸며져 있다. 친구들은 준비한 케익에 초를 꼽고, 불을 붙이고, 나를 위해 생일 축하 노래를 불러주었다.

　장난을 좋아하는 멕시코 친구들이 그냥 순순히 생일을 축하해 줄리가 없는데, 수상했다. 그리고 이렇게 생각하고 있던 찰나 아니나 다를까 멕시코 친구들이 설계해둔 농담에 또 한 번

허를 찔렸다. 친구들이 큰 선물 상자를 주며 선물을 열어보라고 외쳤다. "아브레! 아브레! 아브레!*abre! abre! abre!*"

그런데 러시아의 마트료시카*Matryoshka*처럼 큰 상자를 열었더니 또 작은 상자가 있었다. 그렇게 상자 세 개를 연달아 열어서 결국 예쁜 모자 선물을 확인했다. 그런데 분명 다 열었는데 박수 소리가 점점 더 커졌다. "아브레 아브레! 아브레!"

자, 이제 선물을 받았으니 그만해도 된다는 표정을 지으며 영어와 스페인어로 고맙다고 연신 말했다. 그런데 몇 차례 더 '아브레'를 외치더니 친구들 모두가 자지러지게 웃기 시작했다.

웃음 바다가 된 친구들이 나에게 다가와서 "펠리시다데스*Felicidades*(축하한다는 의미)"라고 말하며 포옹해주었다. 그리고 친구들이 외친 '아브레'라는 말에 선물 상자를 여는 것뿐만이 아니라 '눈을 열어라(떠라)'는 중의적인 의미가 있다는 것을 알게 되었다. 꽤나 치밀하게 세팅된 멕시코 특유의 조크였다.

날선 가시 없는 순수한 농담

멕시코 사람들은 농담하기를 정말 좋아한다. 거의 모든 대화가 농담으로 시작해서 농담으로 끝난다. 이 때문인지 그들의 표정은 늘 즐거워 보인다. 수입이 높지 않아도, 고단한 일이 있어도, 낙천적인 태도로 세상을 바라본다. 직면하는 상황을 심각하게 여기지 않고 일상의 순간 순간에서 행복을 찾아 이를 만끽한다. 세계보건기구*World Health Organization*에 따르면 멕시코인의 자살률은 10만 명당 5명 꼴로 전 세계 135위로 낮다. 안타깝게도 우리나라는 전 세계 12위(10만 명당 25명)로 상당히 높은 편이다.

멕시코 사람들의 농담에는 대개 날선 가시가 없다. 상대방을 공격하거나 놀리는 식의 기분 나쁜 농담을 잘하지 않는다. 또한 멕시코 사람들은 본인이 망가지는 농담도 반감 없이 받아들인다. 종종 본인들에 관한 농담도 직접 한다. 이 때문에 멕시코인의 농담은 더 순수하게 느껴진다. 한 번은 멕시코 친구로부터 민감할 수 있는 미국 국경을 넘어가는 것과 관련한 농담을 들었다. 농담의 질문은 '왜 멕시코들은 미국 국경을 넘어갈 때 세 명이 아닌, 두 명이서 함께 건널까?'였다. 이 질문의 답은 '왜냐하면 국경 지역에 'No trespassing'이라 적힌 팻말이 적혀 있기 때문'이라 했다. 영단어 'trespass'는 '건너다'라는 의미이다. 스페인어에서 숫자 1, 2, 3은 '우노, 도스, 뜨레스*uno, dos, tres*'라고 한다. 여기에서 'trespass'를 영단어로 보지

● No Trespassing

않고, 스페인어 숫자 3에 해당하는 '뜨레스*tres*'에 '통과하다
pass'를 결합한 것으로 생각해보면 'No trespassing'은 '세 명
이 건너지 마시오'가 된다. 그러니 세 명이 아닌 두 명이 국경
을 건너면 별다른 문제가 없을 거라는 말이었다.

여전히 많은 수의 멕시코 노동자들이 가족과 떨어져 미국
에서 살아가고 있다. 망명 신청이 거부되어 가족 중 일부만 강
제적으로 추방당하기도 한다. 멕시코에 있는 가족들이 미국에
방문하는 것도 쉽지 않다. 무허가로 장기 체류하지 않을까 하
는 의심에 입국 심사가 매우 까다롭게 진행되기 때문이다. 'No
trespassing'은 이러한 멕시코인들이 처한 안타까운 현실을
풍자한 내용인데도 이를 익살스럽게 농담으로 이야기하는 모
습에서 마음의 여유가 느껴졌다.

비유의 달인, 멕시코인

멕시코인들의 대화는 비유로 가득하다. 멕시코식 직유와 은
유 표현을 이해하지 못하면 대화 중에 상당히 당황할 수도 있
다. 과거 〈비정상회담〉이라는 프로그램에 멕시코 대표로 크리
스티안 부르고스*Cristian Burgos*가 출연한 적이 있다. 그는 멕시
코의 문화적 특이점을 맛깔나게 소개하여 현재 80만이 넘는
인스타그램 팔로워를 보유하고 있있다. 한 번은 그가 멕시코인

● 농담을 즐기는 멕시코인

특유의 비유법을 이 프로그램에서 소개한 적이 있다.

크리스티안이 멕시코의 구리 광산에서 일하던 때였다. 한국 기업이 채굴권을 사서 운영하는 곳이었는데, 스페인어와 한국어 모두 능통한 크리스티안이 통역사 역할을 했다. 한 번은 한국인 감독관이 업무 현장을 깨끗이 청소했는지 멕시코 직원에게 물었다. 멕시코 직원은 '잘 청소했어요'라는 말 대신 "공주님의 엉덩이처럼 깨끗하게 청소했다.*Limpio como pompas de princeca.*"라고 했다. 크리스티안은 이것을 한국인 감독관에게 차마 그대로 전달할 수 없었다. 그래서 해당 내용을 의역해서 '아주 깨끗하게 청소했다'고 말했다. 한국인 감독관은 잘 알았다는 표정만 지어보였다. 그러자 멕시코 직원이 왜 감독관이

내 농담에 안 웃냐고 크리스티안에게 물었다. 그리고 크리스티안에게 다시 직역해서 전달해달라고 했다. 그래서 이번에는 그대로 전달을 했는데, 감독관은 더욱 이해하지 못하는 표정으로 당황했다는 것이다.

나도 이러한 멕시코식 비유 탓에 멕시코 친구들과의 대화가 어려웠던 적이 한두 번이 아니다. 한 번은 열 명 정도의 멕시코 친구와 멕시코 남서부 태평양 연안의 항구도시인 만사니요*Manzanillo*에 놀러갔다. 이 그룹에는 오래 전 커플이었던 두 친구가 있었는데 헤어지고도 크게 개의치않고 서로를 편하게 대했다. 리조트에서 술을 마시며 둘은 왜 헤어졌는지 이야기해주면서 "그가 염소로 타말레스를 만들었어.*él hizo de chivo los tamales.*"라고 했다. 타말레스는 멕시코의 대표 서민 음식이다. 옥수수 반죽에 고기, 치즈를 넣고 옥수수 껍질로 싼 뒤 쪄서 먹는 음식이다. 알고 보니 이 표현은 '그가 바람을 피웠다'는 의미였다. 과거에 한 여성이 남편을 위해 타말레스를 만들던 중 흔히 쓰는 돼지고기가 없어서 염소고기로 슬쩍 만들어 요리했다는 일화에서 '연인을 속이다'는 의미가 생겨난 것이다. 멕시코인들만 쓰는 이러한 특유의 표현은 책에는 나오지 않는다. 하지만 현지에서 하나씩 배워가는 재미가 있다. 비교로 가득한 삶은 피로감을 높이지만 비유가 많은 삶은 풍요롭다. 그런 의미에서 멕시코인들의 삶은 위트와 재미로 가득하다.

라틴 아메리칸이 아닌
그냥 아메리칸

현지에서 외국어를 사용하다 보면 종종 당황할 때가 있다. 책에서는 한 번도 보지 못한 어휘가 현지에서 일상적으로 쓰이는 것을 목격할 때다. 대표적인 예로 영어의 '벅*buck*'이 있다. 우리는 미국의 화폐 단위를 '달러*dollar*'로 배웠는데, 북미 지역에서는 많은 경우 달러 대신 벅을 쓴다.

멕시코인을 만날 때도 미리 알아두면 좋은 단어가 있다. 스페인어 정규 수업에서는 배울 수 없지만 실제로는 거의 모든 멕시코인이 사용하는 단어이다. 바로 애증의 이웃인 미국인을 부르는 표현인 '그링고*gringo*'이다.

스페인어 교재에서 배우는 미국인을 부르는 표현은 두 가지이다. '아메리카노*Americano*'와 '에스타도우니덴세*Estadounidense*'. 영어로 해석하면 첫 번째는 'American'이며 두 번째는 'United States person' 정도에 해당된다. 그런데 스페인어 초급자가 '에스타도우니덴세'를 구사하기에는 단어가 너무 장황한 탓에 대다수가 '아메리카노'를 사용한다. 더군다나 우리가 매일 마시는 커피와 발음도 단어도 같으니 얼마나 쉬운가?

그런데 아메리카노는 멕시코 사람들, 조금 더 확장해서 보면 중남

● 그링고(멕시코인들이 인식하는 미국인 관광객의 이미지)

미 사람들의 신경을 거스르는 말이다. 왜냐고? 이를 알려면 아메리카의 어원적 정의에 대한 이해가 필요하다. 아메리카는 크리스토퍼 콜럼버스와 같은 항해사였던 아메리고 베스부치*Amerigo Vespucci*에서 유래했다. 그렇다면 아메리카의 범위는 어디까지일까? 아메리카는 미주 대륙을 통칭하는 말이다. 북부 캐나다에서 남미 최남단에 위치한 파타고니아*Patagonia*까지 이어지는 지역이다. 북미, 중미, 남미 지역의 영어 표기를 생각해보면 보다 명확하게 이해할 수 있다. 각각 North America, Central America, South America 라고 쓴다. 즉 아메리카노는 미국인들이 독점해서 사용하면 안 되는 말이다. 미국이 미주 대륙 전체를 대변하고 있는 듯한 뉘앙스를 주기 때문이다. 그래서 중남미인들은 백인계 미국인을 '그링고*gringo*'라고 부른다. 조금 더 넓게는 캐나다와 유럽의 백인들까지 포괄한다.

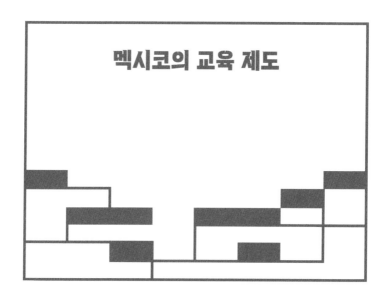

멕시코의 교육 제도

　과거 멕시코의 교육은 카톨릭 교회의 후원을 받아 도시에
사는 재력있는 집안의 남자 아이들에게 국한하여 시행되었다.
그러다 19세기 중반 카톨릭의 권력을 제한하고 종교와 국가를
분리해 공교육을 강화하는 '라 레포르마 *La Reforma*'라는 멕시코
의 개혁 운동이 있었고 이 시기부터 멕시코의 공교육은 꾸준
히 시스템을 다져왔다.

　멕시코의 교육제도는 우리나라와 유사하다. 의무교육은
3단계로 나뉘며 총 12학년이다. 프리마리아 *primaria*는 초등학
교에 해당하는 1~6학년, 세쿤다이라 *secundaria*는 7~9학년으로
중학교, 프레파라토리아 *preparatoria*는 10~12학년으로 고등학
교 과정이라 볼 수 있다.

　제도상으로는 잘 갖춰져 있지만 그렇다고 모든 학생이 고등학교까지 쉽게 졸업하는 것은 아니다. 최근 통계에 따르면 멕시코 학생들의 평균 의무교육 연수는 10년 정도이다. 고등학교 1학년 정도에 학업을 그만두는 경우가 많고 전체의 약 60% 정도만 고등학교를 졸업한다. 다른 OECD 국가에 비하면 현저히 낮은 수준이다.

　첫 번째 원인은 계층 간의 빈부격차이다. 중상류층 이상의 자녀들은 고등학교는 물론 대학교까지 진학하는 경우가 일반적이다. 반면 중하류층 아이들은 고등학교 진학률조차 크게 떨어진다. 경제적 여건이 갖춰지지 못해 이른 나이에 생업을 뛰

● 멕시코의 학생들

거나 그렇지 않더라도 인터넷조차 되지않는 열악한 조건에서 살아가기 때문이다. 전 세계를 강타한 코로나 바이러스로 인해 비대면 교육을 하던 시기에는 더욱 불리했다. 강의는 TV로 시청을 할 수 있었지만 시청 이후 과제물은 인터넷으로 제출해야 했다. 국토가 넓지 않고 인터넷 보급율이 매우 높은 우리나라와는 달리 멕시코는 인터넷 인프라가 구축되지 않아 IT 소외계층이 많다. 그래서 과제를 제출하려면 마을버스를 타고 마을 중심가로 나가 멕시코의 PC방인 시베르카페*Cybercafé*를 이용해야 했다. 불편한 상황을 극복하지 못하고 학업을 포기하는 경우가 생길 수밖에 없다.

두 번째 원인은 유급제도이다. 앞서 언급했듯 어려운 환경의 가정이 상당수 있는데도 유급제도는 소위 얄짤없다. 멕시코

● 멕시코의 PC방 시베르카페

학교에서는 학기당 출석률이 80%에 못미치거나 일정 수준 이상의 성적이 되지 못하면 유급된다. 물론 학교에서 멀리 떨어진 농촌 지역 학생들은 주 1회 정도만 등교하고 나머지는 TV 강의를 듣는 것으로 출석을 인정해 주었지만, 이 경우 잘 모르는 것을 선생님께 바로 질문하기가 어렵고 이해도가 떨어지니 성적이 나빠지기 십상이다.

흥미로운 사실은 어려운 여건 속에서도 멕시코 학생들의 삶의 만족도는 매우 높다는 것이다. 부모님과 함께 저녁을 먹으며 학교에서 그날 있었던 일에 대해 이야기 나눈다. 밥을 먹고난 뒤에는 함께 숙제도 한다. 학생들은 선생님을 또 한 명의 가까운 친구처럼 느낀다. 선생님은 언제든 허심탄회하게 이야기 나눌 수 있는 든든한 조력자이다. 2017년 OECD가 전 세계 48개국 만 15세 학생들을 대상으로 삶의 만족도를 조사한 바에 따르면 멕시코는 10점 만점에 8.3점을 받아 1위를 차지했다. 핀란드, 네덜란드 등의 유럽 국가보다도 높았다. 반면 우리나라는 6.4점에 불과했다. OECD 회원국 평균인 7.3점보다도 훨씬 낮았다.

멕시코를 대표하는 우남대학과 몬테레이 공과대학

우남UNAM은 멕시코를 대표하는 대학이다. 세 명의 노벨상

동문을 배출한 걸출한 이력이 있다. 1982년에는 알폰소 가르시아 로블레스*Alfonso García Robles*가 라틴아메리카 지역의 비핵화 노력의 성과로 평화상을 받았다. 1990년에는 옥타비오 파스*Octavio Paz*가 문학상을, 1995년에는 마리오 호세 몰리나*Mario José Molina*가 화학상을 받았다. 그는 오존층 파괴의 원인을 규명하고 이를 인류에 경고한 공을 세웠다.

UNAM을 단어 그대로 해석하면 '멕시코국립자치대학교*Universidad Nacional Autónoma de México*'이다. 우리는 흔히 우남대라고 부른다. 명실상부한 멕시코 최고 대학으로 1551년 9월 21일 멕시코시티에 설립되었다. 애초에는 멕시코 왕립·교황대학교*Real y Pontificia Universidad de México*라는 이름으로 세워졌다가 멕시코 혁명이 발발한 1910년 기존의 독자적인 교육대학들을 통합해 현재와 같은 형태의 종합 국립대학이 되었다.

우남대는 1636년에 설립된 미국의 하버드대보다도 오랜 전통을 자랑한다. 이 학교의 교훈은 "나의 민족을 위해 영혼이 말할 것이다.*Por mi raza hablará el espíritu.*"이다. 강한 민족적인 자부심을 느낄 수 있다.

이곳 학부생은 총 21만 명에 달할 정도로 규모가 엄청나다. 북서부의 끝 바하 칼리포르니아주, 남부의 오아하카주, 남동부의 유카탄주, 서부의 미초아칸주 등 전국 곳곳에 연구소와 부설학교가 세워져 있다. 우남대는 국립대학이라 한 학기 등록금이 매우 저렴하다. 미국계, 영국계 대학교는 입학금만

● 멕시코국립자치대학교(UNAM) 전경

● 몬테레이 공과대학교(ITESM) 전경

300~500만 원에 이르며, 월 수업료가 100만 원을 넘어서는 데 비해 우남대는 연간 학비가 100만 원을 조금 상회하는 수준에 불과하다.

우남대 못지않은 명성을 가진 또 다른 대학은 멕시코 북부에 위치한 몬테레이 공과대학교*Instituto Tecnológico y de Estudios Superiores de Monterrey*이다. 이곳도 전체 학생이 10만 명에 가까울 만큼 규모가 크고 멕시코 사립대학교 중 최고로 꼽힌다. 사업가였던 에우헤니오 가르사 사다*Eugenio Garza Sada*가 미국의 MIT를 졸업하고 멕시코판 MIT를 만들겠다고 다짐했고, 1943년 지역 사업가들과 함께 이 대학을 설립했다. 그의 바람처럼 몬테레이 공과대학은 현재 라틴 아메리카를 대표하는 대학 중 하나가 되었고 '멕시코의 MIT'라 불린다. 몬테레이는 수많은 글로벌 기업과 제조공장들이 위치해있는 멕시코 산업과 경제의 심장부이다. 몬테레이 공과대 출신 학생 중 많은 이가 몬테레이에서 일하며 멕시코의 경제 성장을 이끌어가고 있다.

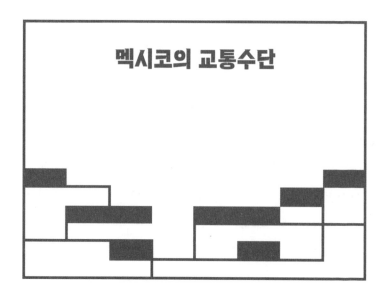

멕시코의 교통수단

2022년 7월 미국 대통령 조 바이든*Joe Biden*과 멕시코 대통령 안드레스 마누엘 로페스 오브라도르*Andres Manuel Lopez Obrador* 대통령이 정상회담 자리에서 만났다. 유가 급등의 여파를 걱정하는 바이든에게 오브라도르는 멕시코 기름값은 걱정 없다며 으스대었다. 고유가 기간 동안에는 미국인들이 멕시코에서 저렴하게 기름을 채울 수 있도록 하겠다고까지 했다.

오브라도르의 발언은 근거없는 자신감은 아니었다. 멕시코는 산유국이라 기름이 많고 저렴하다. 오랜 기간 기름을 생산하고 거래해온 만큼 운영 노하우도 탁월하다. 유가가 떨어져도 피해보지 않도록 위험을 회피하는 방식의 헤지 거래를 맺어왔다. 쉽게 말해 유가가 변동되어도 미리 정한 가격에 원유를 내다 팔 수 있다. 이를 통해 2009년 글로벌 금융위기와 2020년 유가 급락 당시 수조 원을 이득보기도 했다.

산유국 멕시코의 교통수단, 자동차와 버스

저렴한 기름값에, 세계 일곱 번째 자동차 제조국인 덕에 멕시코의 주요 교통수단은 자동차와 버스가 되었다. 멕시코인들은 대개 개인 차량을 이용한다. 대중교통은 멕시코시티나 몇몇 대도시를 제외하고서는 버스가 대부분이다. 물론 멕시코시티는 총 12개의 도시철도 노선도 있고 메트로부스metrobús 등 다양한 유형의 버스도 있다.

도시와 도시를 잇는 시외버스는 1등석 버스와 2등석 버스로 나뉜다. 1등석 버스는 와이파이와 간식이 제공되는 등 서비스가 좋은 편이다. 긴 시간 탑승하는 장거리 여행에 잘 맞춰져 있다. 단점이라면 속도이다. 안전을 생각해 최대 시속 100km/h 정도로 제한을 걸어두는데, 끝없이 펼쳐진 평원을 달리기에는 다소 느린 느낌이다. 그래서 먼 도시로 이동할 때는 볼라리스Volaris 항공 같은 저가항공사를 이용하기도 한다.

작은 도시의 주요 교통수단은 마을버스이다. 주로 사설업체에서 운영하는데 조금 큰 버스는 카미온Camión, 미니버스는 미크로부스Microbús, 봉고차는 콤비Combi 라고 부른다.

● 미크로부스(미니버스)

● 콤비(봉고차)

거대한 시에라 마드레 산맥이 멕시코 북부에서 남부로 이어져 있고, 정부의 투자 소홀로 인해 철도는 민간 교통수단으로 발전하지 못했다.

멕시코 철도의 본격적인 시작은 1873년이다. 과거 유럽과 독점 교역을 했던 동부 카리브해의 항구 베라크루스*Veracruz*와 수도인 멕시코시티를 잇는 철도가 구축되고 전역으로 확대되기 시작하면서부터다. 하지만 멕시코 정부가 석유 수출을 통한 수입을 과신해 지나치게 국가 부채를 늘린 것이 부메랑으로 돌아왔다. 석유값이 크게 하락하며 석유 파동이 발생하자 철도 기업의 재정이 악화되었고 결국 철도는 1987년부터 조금씩 민영화의 길을 걸었다. 이 과정에서 철도 대부분이 화물 수송을 위한 목적으로 쓰이게 되었으며 이러한 연유로 멕시코에서는 유럽처럼 기차를 타고 다른 도시로 이동하는 것은 불가능하다.

이런 과거가 아쉬웠던 걸까? 최근 멕시코에서 과거 마야 문명이 존재했던 남동쪽 지역에 시속 160km의 마야 철도를 건설 중이다. 이를 통해 관광 수요 증가에 더해 지역간 균형 발전과 인적 교류까지 가능해질 거라 믿고 있다. 마야 철도는 칸쿤이 위치한 유카탄주부터 남쪽의 킨타나로오주, 캄페체주, 타바스코주, 치아파스주를 잇는다. 카리브해 연안의 휴양지와 유카탄 반도를 연결하는 것이다. 완성되면 아름다운 해안도시인

━○─ [1구간] 약 226km, 팔렌께 - 에스카르세가 구간
━○─ [2구간] 약 254km, 에스카르세가 - 칼키니 구간
━○─ [3구간] 약 140km, 칼키니 - 이사말 구간
━○─ [4구간] 약 196km, 이사말 - 툴룸 구간
━○─ [5구간] 약 135km, 툴룸 - 칸쿤 구간

● 마야 철도 루트(위 그림은 초기 계획이며 환경, 유물 보존 문제로 계속 변경 중)

바칼라르, 마야 문명의 유적지인 툴룸, 그리고 플라야 델 카르 멘까지 연결된다. 멕시코 여행객들에게는 매력적인 개발 프로 젝트임에 틀림없다. 다만 개발 과정에서 자연환경과 과거 마 야 문명의 유물을 상당수 파괴할 수 있어 문제가 제기되고 있 다. 산을 깎는 과정에서 발생할 수 있는 산사태나 홍수도 잠재 이슈이다. 오브라도르 대통령이 취임 마지막 해인 2024년까지 완공해 본인의 치적으로 삼고자 무리하게 추진하고 있다는 시 선도 존재한다.

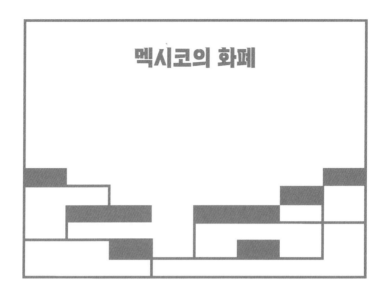

멕시코의 화폐

멕시코 화폐의 역사는 아스테카 제국 시대까지 거슬러 올라 간다. 아스테카 제국에서는 도끼날 모양의 구리 조각을 화폐 로 사용하기도 했다. 스페인 침략자들이 건너온 뒤에는 센타보 *centavo*라는 스페인 동전을 사용하다가 1821년 멕시코의 독립 과 함께 '페소*peso*'를 발행하기 시작했다. 중남미 국가 중 포르 투갈어권인 브라질을 제외하면 멕시코는 경제 규모와 수출 규 모 면에서 압도적인 1위이다. 여기에 주변 중미 국가들이 멕시 코 경제와 긴밀히 연결되어 있어 멕시코 화폐는 중남미 지역에 서 미국 달러와 함께 가장 많이 교환되고 있다.

멕시코의 역사와 문화유산이 담긴 화폐

멕시코 화폐 단위인 페소는 '무게를 잰다'는 페사르*pesar*에서 온 단어이다. 과거 물물교환 시 은화 등으로 무게를 재던 데서 유래했다. 페소는 보통 MXP로 표기하는데, 명확한 법적 코드는 MXN이다. 주의해야 할 점은 US 달러와 동일한 $ 기호를 쓴다는 점이다. 미국 달러와의 구분을 위해 MX$라고 표기한다.

1920년대부터 멕시코 은행*Bank of Mexico*이 중심이 되어 화폐를 주조하기 시작했다. 미국 달러와 우리나라 화폐가 그렇듯 멕시코 화폐에도 역사적 인물과 문화유산이 그려져 있다. 화폐 그림은 여러 차례 조금씩 바뀌어왔는데, 2006년 9월부터 발행되어 보편적으로 사용되는 시리즈 F의 디자인은 다음과 같다.

20페소 베니토 후아레스와 정의의 저울과 개혁 법률집

베니토 후아레스*Benito Juárez*는 최초의 원주민 대통령이다. 여러 사회 개혁을 주도해 성과를 거두었다. 그가 태어난 매년 3월 21일이 있는 주의 월요일이 공휴일일 만큼 멕시코 역사에서 그의 업적은 중요하다. 멕시코시티의 베니토 후아레스 국제공항도 그의 이름에서 따왔다.

50페소 호세 마리아 모렐로스와 멕시코 독립전쟁에서 사용한 깃발

호세 마리아 모렐로스*José María Morelos*는 미초아칸 주 출신으로 카톨릭 신부 이자 멕시코의 독립운동 가였다. 미겔 이달고 신부가 주도한 독립운동에 가담하였고 이 달고가 처형당한 후 멕시코 남부지역의 독립운동을 이끌었다.

100페소 네사왈코요틀과 테노치티틀란 왕국

네사왈코요틀*Nezahualcóyotl* 은 아스테카 제국의 텍스 코코 지방 군주로 문화적 황금기를 이끌었다. 그는 시인이자 철학자였다. 테노치티틀란은 아스테카 제국의 주도 였고 멕시코시티의 전신이 되는 도시이다.

200페소 후아나 데 아스바헤와 그녀의 책과 펜

후아나 데 아스바헤*Juana de Asbaje*는 멕시코의 카톨 릭 수녀이자 시인이다. 여 덟 살부터 시를 쓸 정도로 똑똑했고 누에바에스파냐 부왕령의 총애를 받고 많은 작품을

썼다. 스페인 본토의 고위 성직자를 여러 차례 비판했다. 또한 원주민어인 나와틀어까지 배워 저술 활동을 했다.

이외에도 500페소에는 디에고 리베라와 그의 작품이 그려져 있고, 1,000페소에는 미겔 이달고 신부와 돌로레스 교회의 종이 새겨져 있다.

멕시코 경제는 완전한 자본주의를 택하고 있다. 미국 시장과 밀접하게 연결된 만큼 다른 제도를 채택하는 것은 사실상 불가능하다. 멕시코는 19세기 후반까지만 해도 미국 달러에 연동한 고정환율제를 사용했다. 이후 여러 과정을 거쳐 글로벌 시장의 수요와 공급 상황에 따라 환율이 결정되는 변동환율제를 시행 중이다.

페소의 환율은 복합적인 요인의 영향을 받는다. 그중 국제 유가에 가장 먼저 영향을 받는다. 멕시코가 석유 수출국이라 유가 변동에 민감하기 때문이다. 페소에 대한 수요가 높아지면 페소의 환율 가치도 자연스레 높아진다. 멕시코에 투자가 늘고 경제 성장률 높아지면 멕시코 통화 수요도 증가한다. 2020년 코로나 펜데믹으로 큰폭으로 하락했던 멕시코 경제는 꾸준한 성장세를 보이고 페소의 가치 또한 계속해서 상승하고 있다.

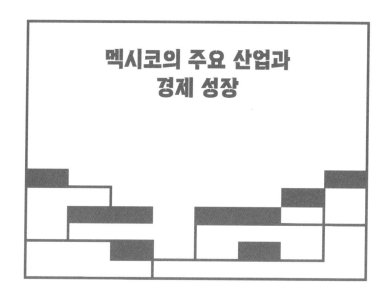

멕시코의 주요 산업과
경제 성장

  멕시코는 세계 14위의 GDP 경제 강국이다. 1940년대에서 1970년대까지 약 30년 동안은 '멕시코의 기적'으로 불리며, 연평균 6%의 경제 성장을 이루었다. 제2차 세계대전 이후의 전쟁 특수, 정치적 안정, 정부 주도의 수입대체 공업화 정책의 영향 덕분이다. 멕시코는 외국에서 수입하던 상품을 국내에서 직접 생산해 해외 의존도를 꾸준히 줄여왔다. 하지만 가속화된 이촌향도로 농촌이 황폐화되고 사회문제가 불거졌다. 1976년에는 페소화의 급격한 평가 절하로 금융위기를 겪었다. 이후 석유 가치가 회복됨에 따라 나아지긴 했지만 지나친 외채를 상환하지 못해 1982년 모라토리엄을 선언하며 어려움에 직면했다.

  이후 꾸준한 성장을 이루었지만 2008년 또 한 번의 고비를 맞이했다. 투자은행인 리먼 브라더스, 골드만 삭스 등이 연쇄 붕괴하며 발생한 미국발 글로벌 경제 위기를 멕시코도 이를 피해갈 수 없었다. 하지만 그 이후로 멕시코는 경제적 체력을 조금씩 회복하며 완만한 성장세를 보이고 있다.

미국과 함께 성장하는 산업

세계무역기구WTO 통계에 따르면 멕시코는 전 세계 10위 규모의 수출 강국이다(2021년 기준). 어떤 상품을 주로 수출할까? 대개 멕시코 하면 서부 영화와 큰 챙의 모자를 쓴 농부의 이미지가 떠오르지만 농산물의 수출 비중은 그리 크지 않다. 누에보레온주 등 북부 지역에서 제조한 자동차, 전자기기가 주요 수출 품목이다. 이 외에도 음향기기, 영상장비, 의료기기 등 제조 분야 전 영역에 걸쳐 다양한 상품을 수출한다. 산유국인 만큼 석유도 수출한다.

국가별 비중을 살펴보면 미국 수출이 무려 75%를 넘는다. 과거 NAFTA 시절부터 현재 USMCA까지 캐나다-미국-멕시코 북미 3개국이 자유무역협정을 맺고 있지만 두 번째 수출국인 캐나다는 3% 수준에 불과하다. 수입 규모 또한 미국이 전체의 절반에 이른다. 그 다음으로 중국, 일본, 독일, 그리고 우리나라가 자리한다.

전체 GDP 규모 면에서는 우리나라가 멕시코보다 조금 앞서 있지만 두 나라의 산업별 비중은 유사하다. 서비스업이 전체 산업에서 50% 후반 비중을 차지하고 제조업과 공업이 30% 초반 비중이다. 여기서 서비스업은 상업, 숙박업, 요식업 외에 통신업, 금융업, 보험업, 부동산업까지 포괄한다.

최근에는 니어쇼어링*Near-shoring* 전략에 따라 글로벌 기업들이 멕시코로 많이 진출하고 있다. 세계 최대 소비시장인 미국을 겨냥해 세계 기업들이 멕시코로 공장을 이전하는 것이다. 2022년 기준으로 멕시코의 산업단지 입주율은 사상 최고치인 97%에 이른다. 여기에는 미국과 중국 간의 무역 분쟁 장기화와 멕시코가 미국 접경국이라는 점도 영향을 미쳤다.

2022년에 피부에 와닿는 사례가 있었다. 미국의 유통업체인 월마트가 직원 유니폼 5만여 벌을 기존의 중국 업체가 아니라 멕시코 의류업체인 프레슬로우*Preslow*에서 구매한 것이다. 물론 이 사례가 중국 시장에서 멕시코 시장으로의 전면 선회를 의미하진 않지만 세계가 멕시코로 향하는 대세를 거스를 수는 없다. 멕시코 산업은 앞으로도 꾸준히 성장할 것으로 보인다.

● 니어쇼어링은 경영 효율 극대화를 위해 타깃 시장의 인접 국가로 생산 기지를 이전하는 전략이다.

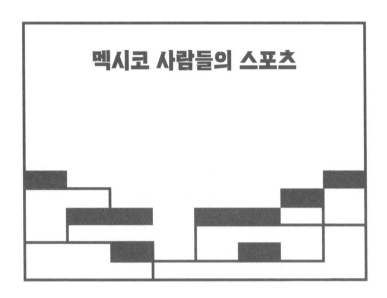

멕시코 사람들의 스포츠

　멕시코인은 압도적인 비율로 축구를 좋아한다. 축구에 대한 열정은 브라질이나 아르헨티나와 같은 다른 남미 국가에 전혀 뒤지지 않는다. 우리에게는 생소하지만 멕시코의 프로 축구 리그는 역사도 깊고 저변도 탄탄하다. 프로리그는 약 80년 전인 1943년에 출범했다. 비약적인 경제 성장을 이루던 1970년과 얼마 지나지않은 1986년 두 차례나 월드컵을 개최할 만큼 정부 차원의 관심도 높다. 2026년에는 멕시코와 미국, 캐나다 3개국이 월드컵 공동 개최를 앞두고 있다. 축구 다음으로 인기가 높은 종목은 복싱과 야구이다. 그리고 멕시코 전통 스포츠인 루차 리브레가 있다.

축구에 진심인 사람들

통계 전문업체인 스태티스타^{Statista}사에 따르면 2022-2023 시즌의 경우(해외 축구리그는 대개 하반기에서 시작해서 차년도 상반기까지 이어진다.) 평균 관중 1위는 독일의 분데스리가였다. 매 경기마다 평균 4만 3,000명이 경기장을 가득 메웠다. 영국, 이탈리아, 스페인, 프랑스 리그가 뒤를 잇는다. 그리고 이 유럽 5대 리그 바로 다음이 멕시코의 프로 축구 1부 리그인 리가MX이다. 평균 2만 2,600명이 찾았다.

● 멕시코의 프로 축구 리그, 리가 MX

축구 경기가 있는 날이면 경기장 주변은 경기 시작 한참 전부터 응원 열기로 시끌시끌하다. 직접 보러 가지 못하는 경우 식당에 자리를 잡고 앉거나 가족들과 거실에 모여 앉아 TV로 보며 각자 연고지의 팀을 응원한다.

이런 그들에게 영원한 축구 숙적이 있다. 북중미 지역 최대 라이벌인 미국이다. 1990년대까지만 해도 미국은 멕시코의 적수가 되지 못했다. 그런데 2000년대 초반부터 미국 축구팀의 실력이 꾸준히 성장했다. 2002년 한국과 예선에서 같은 조였던 미국은 포르투갈과 폴란드를 제끼고 8강까지 오르기도 했다. 이제 더이상 북중미 골드컵의 우승 트로피는 멕시코가 따놓은 당상이 아니다. 국제관계에서도 첨예한 이해관계에 놓인 이웃국가인 만큼 미국과의 축구 대결이 있는 날에는 모든 멕시코 사람들이 하나가 되어 열광적으로 응원한다.

강대국에 날리는 한방, 복싱

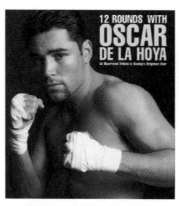

● 멕시코 복싱계의 전설, 오스카 델 라 호야

축구 다음으로 인기있는 스포츠는 복싱이다. 과거 복싱계의 신사로 불렸던 오스카 델 라 호야*Oscar De La Hoya*가 활약하던 시절에는 축구와 함께 최고의 흥행 종목이었다.

그는 중량급 선수인데도 놀라운 펀치로 화끈한 KO승을 자주 거두었다. 멕시코인 부모가 미 서부 로스앤젤레스로 이민을 와 미국 국적이었지만 그의 몸에는 멕시코인의 피가 흐르고 있었다. 경기가 있는 날이면 수많은 팬들이 호야의 승리를 위해 멕시코 국기를 흔들며 환호성을 질렀다. 그는 은퇴했지만 현재는 세계적인 복싱스타 카넬로 알바레스*Canelo Alvarez*가 멕시코 복싱의 자존심을 유지하고 있다.

멕시코 복싱의 특징이라면 상대를 KO시키기 위해 공격적인 스타일을 구사한다는 것이다. 무게가 실린 훅이나 흉복부에 강한 타격을 가하는 보디블로 기술을 쓰는데 여기에는 멕시코의 슬픈 역사가 있다. 과거에는 선수의 실력이 엇비슷하면 나라의 배경

● 멕시코의 복싱 스타, 카넬로 알바레스

이 작용했다. 심판이 미국과 같은 강대국에게 더 유리하게 판정하는 경우가 많아 판정승으로 가면 질 확률이 높았다. 이러한 설움의 역사가 멕시코만의 화끈한 복싱 스타일을 만든 것이다.

히스패닉에게 인기가 좋은 야구

멕시코에서 야구는 미국 스포츠라고 여기는 경향이 있어서 인기가 크게 높지는 않다. 다만 메이저리그의 영향으로 미국에서 태어난 히스패닉에게는 인기가 높다. 멕시코에도 멕시칸 리그*Mexican League*라 불리는 프로 야구 리그가 존재한다. 2021년 독립적인 리그가 되기 전까진 메이저리그의 산하 리그 중 하나였으나 지금은 18개의 야구 구단이 속한 독립 리그이다.

멕시코 야구 리그는 1955년부터 미국 마이너리그와 제휴를 맺었으며, 이 덕분에 쿠바를 비롯한 중남미 국가의 많은 선수들이 멕시코 리그에서 활약하고 있다. 이들의 최종 목표는 대개 미국 메이저리그에 진출하는 것이다. 미국에서 프로선수가 되면 엄청난 연봉을 받는다.

멕시코 마초의 레슬링, 루차 리브레

TV 프로그램 〈복면가왕〉이 멕시코의 루차 리브레*Lucha libre*에서 차용했다는 것을 아는 사람은 많지 않다. 이 프로그램의 모티브가 된 영화 〈복면달호〉가 복면을 쓴 멕시코의 프로 레슬러의 영향을 받았기 때문이다.

루차 리브레는 멕시코를 대표하는 스포츠 중 하나로 마스크를 쓴 사나이 간의 대결로 진행된다. 이 스포츠의 기원은 올림픽의 그레코로만형 레슬링으로 19세기 초부터 멕시코 사회에 조금씩 퍼져나갔다. 그러던 중 1860년대 초 엔리케 우가르테체아*Enrique Ugartechea*라는 인물이 전통적인 레슬링에서 벗어난 자유로운 방식의 루차 리브레를 탄생시켰다. 1860년대 초는 나폴레옹 3세가 멕시코를 침략했지만 멕시코 군대가 푸에블라에서 프랑스군을 상대로 대승을 거둔 시기이다. 승리의 분위기에 편승해 멕시코에는 남성스러움을 뜻하는 마초이즘이 강화

● 각양각색의 루차 리브레 가면

● 루차 리브레의 전설인 '엘 산토'와 레슬러들

되었다. 덩치 좋은 장정들이 웃통을 벗고 힘겨루기를 하는 루차 리브레에 사람들은 열광했다. 이렇게 즐기던 루차 리브레가 크게 확산된 계기는 1910년 멕시코 혁명이다. 멕시코시티를 중심으로 노동자들 사이에서 즉흥 공연이 늘어난 것이다.

루차 리브레는 크게 두 가지 캐릭터로 분류된다. 먼저, 루도스*rudos*이다. 영어로 '무례한'을 뜻하는 'rude'에 해당하며 사악하고 규칙을 지키지 않는 악당들을 의미한다. 그 대척점에 테크니코스*técnicos*가 있다. '기술자'를 말하며 착하고 선한 존재이다. 테크니코스는 현란한 기술로 루도스를 무찌르고 루도스는 이에 대항한다. 관객들은 양쪽으로 나뉘어 자기 편을 응원한다.

〈복면가왕〉에서는 토너먼트에서 탈락하면 가면을 벗고 본인이 누구인지를 공개하지만 루차 리브레는 자기 정체를 공개하지 않는다. 은퇴에 이를 때까지 정체를 감춘다. 여기서 오는 궁금증이 오히려 인기의 배경이 되기 때문이다. 가장 유명한 루차도르(루차 리브레의 선수)는 은색 마스크로 유명한 엘 산토 *El Santo*이다. 그 또한 죽음에 이르러서야 얼굴을 공개했다. 그의 아들도 엘 이호 델 산토*El hijo del Santo*(엘 산토의 아들이라는 뜻)라는 이름으로 활동했다. 루차도르들은 경기만 하는 게 아니다. 그들의 인기는 상당하다. 미국에서 아이언맨과 캡틴아메리카가 영웅이라면 멕시코는 루차도르들이 영웅이다. 엘 산토의 경우 실제 여러 영화에 출연해서 다양한 상상 속의 적들과 싸웠고 대중에게 영웅의 상징으로 기억되고 있다.

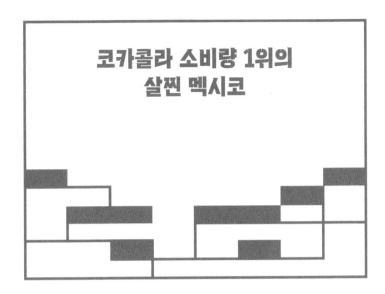

중남미 비만율 1위의 불명예

멕시코의 비만율은 얼마나 될까? 리뉴 바리아트릭스*Renew Bariatrics*라는 기관에 따르면 멕시코의 고도 비만 인구는 2,400만 명을 넘어 전 세계 5위이다(2022년 10월). 전체 성인 인구 중 고도 비만은 28%이며, 이는 인구 200만이 되지 않는 작은 나라를 제외하고는 중남미 국가 중 1위이다. 이웃 나라인 미국의 34%보다는 상대적으로 낮지만 전 국민이 하루가 멀다 하고 다이어트를 외쳐대는 우리나라의 고도 비만율이 7% 정도이니 얼마나 심각한지 대략 짐작이 갈 것이다. 이중에서도 소아 비만율은 심각하다. 취학 전은 17%, 초등학생은 26%, 청소년은 31% 수준으로 나이가 들수록 점차 상승하는 모습을 보여준다.

비만율은 끝을 모르고 이어지는 멕시코 특유의 파티 문화도 한몫 한다. 술과 맛있는 멕시코 요리와 함께 체중도 삽시간에 불어나는 것이다.

달달한 과자로 가득한 동네 상점, 그리고 코카콜라

술과 파티 외에도 비만의 또 다른 주범은 군것질이다. 동네 골목마다 '티엔다 데 아바로테스*Tienda de Abarrotes*'라는 이름의 가게가 있다. 우리나라 편의점과 비슷한데, 칼로리가 높은 여러 종류의 과자를 만나볼 수 있다. 이 중 상당수는 멕시코의 다국적 식품 회사인 빔보*Bimbo*사 제품이다. 참고로 이 회사의 식품들은 전 세계 33개국에 수출 중이며, 2022년에는 약 26조 원에 가까운 매출을 올렸다.

끝으로 멕시코 사람들이 엄청나게 소비하는 코카콜라에도 비만의 원인이 있다. 멕시코 사람들은 타코, 부리또, 께사디야 등 음식을 먹을 때 콜라나 하리토스*Jarritos* 같은 탄산음료를 항상 곁들인다. 탄산음료 중 최고봉은 코카콜라다. 한해 동안 1인당 평균 163리터의 코카콜라를 소비해 압도적인 세계 1등이다. 하루에 평균 두 컵을 마시는 셈이니 엄청난 소

● 멕시코의 높은 소아 비만율

● 동네 가게에서 과자를 사려는 멕시코 아이들

비량이다.

비만율을 낮추려는 멕시코 정부의 노력

멕시코 정부에서 비만율을 방관만 하고 있는 것은 아니다. 멕시코의 일부 주에서는 법적으로 제도화하여 아동 비만율을 줄이기 위해 노력하고 있다. 남부에 위치한 오아하카주의 경우 부모의 동행 없이 가게를 찾은 아이들에게 탄산음료, 과자 등 고칼로리 식품을 판매하면 벌금형이나 상점 폐쇄까지 이르도록 했다. 두 번 이상 단속당하면 징역형에 처할 수도 있다. 북부 누에보레온주에서는 매우 흥미로운 대책이 등장했는데, 코로나 펜데믹으로 집에 머물던 학생들의 비만율이 늘자 한 학교에서 자전거 책상을 도입한 것이다. 책상 하단에 자전거 페달을 설치해 수업을 들으며 운동할 수 있게 한 조치이다. 누에보레온주는 이를 계속 확대하는 계획을 세우고 있다. 과연 멕시코의 비만율은 줄어들 수 있을까?

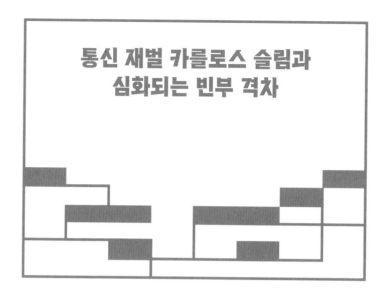

통신 재벌 카를로스 슬림과 심화되는 빈부 격차

　멕시코는 과거 식민지 시절부터 부패가 축적되어왔다. 20세기 초의 멕시코 혁명도 사회의 근본적인 개혁으로 이어지지 못했고, 정부에 공백이 생기자 새로운 기득권들이 빈틈을 파고 들었다. 혁명을 주도했던 세력들은 각자 자기 공로를 내세우며 지분을 챙기려 했다. 또 다른 기득권이 사회를 장악한 것이다.

　안정적인 근대 국가를 위해서는 관료제의 정비, 법치제도의 확립, 안전한 치안 환경이 필요하다. 그러나 멕시코는 대통령에게 지나치게 많은 권한이 집중되었고 일당 독재가 70년 넘게 이어졌다. 불완전한 법치로 엘리트층, 부유층은 처벌되지 않았고 권력에 족벌주의가 만연했으며 권력층에게 이권이 집중되었다. 이 과정에서 빈부 격차가 심화되었다.

멕시코의 통신 재벌, 카를로스 슬림

세계 최고의 부자는 누구일까? 시장 트렌드의 빠른 변화와 전쟁 같은 글로벌 변수에 따라 세계 최고 부자의 순위는 계속해 변하지만 2023년에는 프랑스의 루이비통모에헤네시*LVMH* 그룹의 베르나르 아르노*Bernard Arnault* 일가와 테슬라와 스페이스X를 이끄는 일론 머스크*Elon Musk*가 1위 자리를 놓고 다투고 있다. 이외에 아마존, 구글, 마이크로소프트 등 세계 최상위의 글로벌 기업 수장들이 10위권에 든다.

중남미 기업가 중에서도 10위권에 이름을 올리는 이가 있다. 바로 멕시코의 통신 재벌 카를로스 슬림*Carlos Slim*이다. 그는 2010년 초부터 2012년까지 〈포브스〉지 선정 세계 1위 부호의 자리를 차지했다. 당시만 해도 빌게이츠의 아성을 아무도 무너뜨리지 못할 거라 생각했기 때문에 전 세계의 이목을 끌었다.

그는 아메리카 모빌*América Móvil*의 회장으로 텔셀*Telcel*, 텔멕스*Telmex*와 같은 멕시코의 대표 통신사를 소유하고 있다. 여기에 아르코 노르테 고속도로*Autopista Arco Norte*를 관리하는 이데알*IDEAL*도 그의 소유이다. "멕시코에서는 단 하루라도 카를로스 슬림의 돈이 불어나는 활동을 하지 않고는 살 수 없다."는 말이 있을 정도로 그의 기업들은 멕시코 사람들의 일상에 깊숙이 들어와 있다.

멕시코 경제는 세계 오일 쇼크가 있었던 1979년 이후 외환위기만 수차례를 겪었을 정도로 혼란스러웠다. 결국 1982년 멕시코 정부는 구조개혁을 결정했고 그 결과 수많은 기업이 헐값에 매물로 나왔다. 정부는 외국

● 카를로스 슬림

자본이 들어오는 것은 멕시코 경제에 영향을 줄 것이라 생각해 멕시코인들 사이에서만 기업의 지분이 거래되도록 했다. 즉 기업 소유권을 해외에 넘기지 않은 것이다. 부동산 업자인 아버지가 물려준 재산으로 기반을 마련한 카를로스 슬림은 이때 알짜 기업들을 사들였다. 그렇게 축적한 돈을 멕시코 정부가 민영화를 추진하던 통신 산업은 물론 여러 산업에 투자하여 엄청난 부를 이루었다. 정부와 결탁해 헐값에 기업을 매수한 정경 유착으로 볼 수 있지만 어쨌든 지금은 멕시코 총 GDP의 약 10%를 차지할 정도의 거부이다.

카를로스 슬림만 놓고 봤을 때는 수완 좋고 성공한 기업가이다. 그는 수십 년 동안 부자 동네로 이사하지 않고 자기 동네에 살았고, 한 종류의 자동차를 오래 타고 다닐 정도로 검소하기까지 하다. 하지만 반대 시선으로 보면 그가 많은 부를 차지할수록 일반 국민이 나눌 수 있는 파이는 그만큼 작아진다.

그도 이를 의식한 듯 2011년 즈음부터는 자산을 기부하고, 교육, 스포츠 등 여러 분야를 지원하는 데 에너지를 쏟고 있다.

카를로스 슬림의 소우마야 미술관

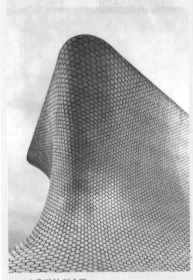

● 소우마야 미술관

소우마야 미술관*Museo Soumaya*은 카를로스 슬림이 먼저 세상을 떠난 부인을 위해 만든 미술관이다. 2011년 옛 공업 지대였던 폴란코*Polanco* 지역을 재개발해 세운 이 미술관은 1만 6,000개에 이르는 육각형의 알루미늄 조각으로 거대한 기하학적 외형을 만들어 아름다운 건축미를 뽐낸다. 비선형적인 동선으로 전시공간을 따라 올라가면서 작품을 감상할 수 있다. 이곳에는 15세기 부터 20세기까지 대표적인 유럽 작가들의 회화와 조각 작품들이 6만 6,000개가 전시되어 있다. 약 380여 개의 오귀스트 로댕*Auguste Rodin* 컬렉션이 있고 레오나르도 다빈치의 제자들이 그린 〈성모와 실패〉을 비롯해 살바도르 달리, 호안 미로의 작품도 있다.

빈부 격차가 존재하지 않는 나라가 어디 있겠냐만은 멕시코는 꽤 심각한 편에 속한다. 대체 무엇이 이러한 상황을 야기했을까? 먹거리가 넘치고 석유까지 나는 자원 부국에서 말이다.

여기에는 멕시코라는 나라가 형성된 과정에 근본 원인이 있다. 스페인의 식민지가 된 이후 멕시코의 지배 세력은 쭉 백인이었고 원주민과 혼혈인 메스티소 세력은 착취의 대상이었다. 멕시코는 10년 넘게 이어진 독립전쟁으로 1821년 스페인을 몰아냈지만 권력을 잡은 것은 여전히 멕시코에서 태어난 유럽계 후손들이었다. 크리오요*Criollo*라고 불리는 그들은 대농장인 아시엔다를 소유했고 일반 민중들은 소작농으로 일했다. 이렇게 역사적으로 사회적인 계급의 분화가 나누어진 탓에 20세기 초의 멕시코 혁명도 계층 간의 빈부차와 근본적인 사회 구조를 바꾸기에는 역부족이었다.

과달라하라에서 친구 집에 머물 때였다. 친구 집은 복층 저택에 차량 세 대를 주차할 수 있는 넓은 주차장이 있었고, 집 뒤편에는 큰 야자수가 여러 그루 있는 정원이 있었다. 그의 아버지가 소유한 고급 승용차를 타고 10분 정도 나가자 이질적인 광경이 펼쳐졌다. 신호등에 걸려 잠시 대기를 하고 있는데 중학생쯤 되어 보이는 친구들이 갑자기 횡단보도 쪽으로 걸어오더니 서커스 같은 묘기를 부리고는 신호가 바뀌기 전에 관람료를 요구했다. 위협적이진 않았으나 갑자기 목도한 광경에 적잖이 놀랐다. 차 유리창 하나를 사이에 두고 펼쳐진 두 개의 다른 세상이었다.

빈부 격차는 교육 기회의 차이로 이어진다. 멕시코는 전 국민에 기본적인 공교육을 제공한다. 입학 과정에서 제도상의 차별은 없다. 하지만 고등교육으로 갈수록 소득 하위계층은 제대로된 교육의 기회를 얻기 어렵다. 멕시코는 땅이 넓은 만큼 학교와 멀리 떨어져 사는 학생이 많다. 게다가 우리나라와 같이 정보통신 인프라가 잘 갖춰져 있지 않다 보니 온라인 교육조차 제대로 받기 어렵다. 비용이 많이 드는 사립대학 입학은 언감생심이다.

여기에 원주민계 멕시코인들은 언어 장벽도 넘어서야 한다. 법률상으로는 원주민에게 의무 교육을 보장하고 있고 모든 분야의 행정적 절차에도 각 지역의 원주민어를 병행해 사용토록 규정하고 있지만 현실에서는 스페인어와 원주민어 모두를 잘 구사하는 교사를 구하기가 어렵다. 설령 구한다 하더라도 교사의 자질이나 능력이 부족한 경우가 많다. 원주민들이 하위계층으로 굳어져 계층 간 이동이 사실상 막힌 것이다. 가난의 대물림을 피하기가 어렵다.

다행인 것은 조금씩 개선되고 있다는 점이다. 1994년 NAFTA 체결 이후 일부 산업에 충격이 전해졌고 2008년 글로벌 경제 위기로 잠시 성장이 후퇴했지만, 그럼에도 멕시코 경제는 꾸준히 성장의 길을 걸어오고 있다. 빈부 격차와 계층 간 소득의 불균형 정도를 나타내는 지니계수는 1996년 0.536에서 2020년에는 0.454로 조금 더 나아졌다.●

멕시코 정부는 격차를 줄이기 위해 취업교육 프로그램 확대, 지역균형발전 정책 등 여러 제도를 시행하고 있다. 중소기업육성 정책으로 양질의 일자리를 확대하고자 노력하고 있으며 일부 지역에서는 기업들과 협력해 교육과 보건 분야에 지원을 확대 중이다. 컴퓨터와 같은 교육 인프라 지원이나 이동도서관 프로그램 등을 통해 산간지역 어린이들의 학습 기회 또한 늘려가고 있다. 소외된 계층을 대상으로 의료비를 지원해 가계비의 부담을 줄이려는 정책도 펼치고 있다.

과연 멕시코는 고질적인 빈부 격차를 극복하고 앞으로 나아갈 수 있을까? 관심을 가지고 지켜보도록 하자.

● 지니계수는 1에 가까울수록 빈부격차가 심하고 0에 가까울수록 그 반대이다.

함께 생각하고 토론하기

평소 멕시코인을 떠올리면 무엇이 가장 먼저 떠오르나요? 앞에서 소개한 멕시코 사람들의 이모저모 내용을 통해 그들의 특성은 무엇인지 생각해 봅시다.

● 멕시코인들의 여러 특성과 상황을 고려했을 때, 한국의 어떤 분야와 상품이 현지에 진출하면 인기가 있을까요? 왜 그렇게 생각하나요?

●● 멕시코 학생들의 학업성취도는 OECD 최하 수준이고 교육 관련 인프라도 부족합니다. 그런데도 부모님과 함께 숙제하기, 친구 같은 선생님과의 관계 등으로 학생들의 학교 생활에 대한 만족도는 세계 최고 수준입니다. 학업성취도와 생활만족도, 둘 다 충족시킬 수 있는 방법은 없을까요?

●●● 멕시코의 사례가 보여주듯 국가 전체 경제 규모의 성장이 빈부 격차를 해소해주지는 않습니다. 이러한 격차를 해소하려면 정부는 어떤 역할을 해야 할까요? 그리고 어떤 정책이 필요할까요?

3부

역사로 보는
멕시코

"우리의 역사를 인식하게 되면
우리의 '특이성'을 인식하게 된다.
이러한 성찰의 순간이 지나면
우리는 행동을 취할 수 있게 된다."

– 옥타비오 파스

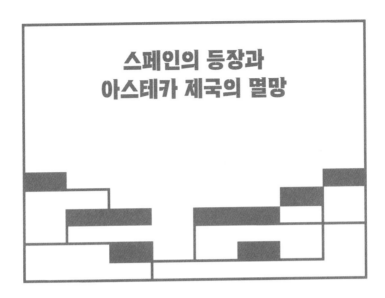

스페인의 등장과
아스테카 제국의 멸망

멕시카인이 세운 아스테카 그리고 멕시코

책의 서두에 소개했듯 아스테카 문명이 세워지기까지 총 네 번의 시대가 저물었고, 다섯 번째 태양의 시대와 함께 문명이 시작되었다.

멕시코*Mexico* 라는 이름은 멕시카*Mexica* 족에서 왔다. 그들은 본래 지금의 미국 땅인 리오그란데 북부의 사막에서 건너왔으며 전투에 강한 민족이라 정복전쟁을 통해 번영을 누렸다.

지금의 멕시코시티 근방의 텍스코코 호수 남쪽에 쿨우아칸 *Culhuacán* 이라는 도시 국가가 있었다. 이 도시는 세력 유지를 위해 멕시카인을 용병으로 고용해 거처를 제공했다. 그런데 멕시

● 멕시코라는 국명의 유래인 멕시카족

카인의 수가 계속해 늘어나고 힘이 점점 강해졌다. 그래서 결국 쿨우아칸은 1323년 소치밀코*Xochimilco*와의 전쟁을 통해 멕시카인들을 줄이려고 했다. 하지만 멕시카인이 승리를 거두었고 이들은 오히려 이번 기회에 완전히 자리를 잡고 정착하려 했다. 쿨우아칸이 이 정도에서 포기했을 리 없다. 멕시카인을 제거하기 위해 군대를 끌고 와 반격했고 결국 멕시카인들은 임시방편으로 호수로 도망치게 된다.

그렇게 쫓겨난 호수 가운데에서 멕시카인들은 독수리가 선인장에 앉아있는 흥미로운 광경을 목격하게 된다. 이곳을 오래 전 우이칠로포치틀리라는 신의 계시에 따라 약속된 땅이라 믿은 멕시카인들은 호수 중앙의 이 도시를 '테노치티틀란'이라 이름 지었다. 그들은 이곳에서 육지와 꾸준히 교역하며 100년 가까운 시간을 보냈다.

테노치티틀란에서 국가의 기반을 닦은 멕시카인들은 멕시코 분지 일대의 패권 국가였던 아스카포찰코와 손을 잡고 쿨우아칸을 멸망시켰다. 그런 다음 그들만의 왕을 세우고는 더욱 거침없이 팽창했다.

세상에 영원한 동지는 없다. 멕시카는 결국 아스카포찰코와도 전쟁을 치른다. 1428년 주변 국가인 텍스코코*Texcoco*, 틀라코판*Tlacopan*과 삼각 동맹을 맺고 아스카포찰코를 멸망시켰다. 이렇게 세워진 나라가 바로 아스테카 제국이다. 이후 스페인이 16세기말부터 멕시카족의 나라라는 의미로 일부 지역을 멕시코라 불렀고, 멕시코가 독립한 뒤에는 나라 전체를 멕시코로 칭하게 되었다.

아스테카의 잔인한 인신공양과 스페인의 침략

전쟁의 신이자 태양의 신인 우이칠로포치틀리는 아스테카인이 가장 추앙하는 주신(主神) 중 하나였다. 우이칠로포치틀리는 안타깝게도 인신공양의 신이기도 했다. 그래서 아스테카인은 주변 부족 사람들을 노예로 잡아다가 인신공양의 제물로 바쳤다. 태양을 계속 움직이게 하려면 신에게 심장을 바쳐 감사를 표해야 한다는 것이다. 이러한 내용은 〈아포칼립토〉라는 영화에 잘 묘사되어 있다. 제사장이 다른 부족의 사람들을 순

차적으로 제단에서 희생시키는데 이 과정에서 살아있는 심장을 꺼내어 태양의 신에게 바친다. 아스테카인들은 인간의 간, 머리, 심장에 각각 영혼이 있어 죽음과 희생이 새로운 시작이라 여겼다.

몬테수마 1세는 아스테카 제국의 제5대 황제이다. 멕시코 고원에 홍수 등 자연재해가 잇따르자 타개책으로 정복 전쟁과 종교 의식의 확장을 꾀했다. 아스테카 제국은 점차 세를 불리며 멕시코 중원 지역을 장악해 20~30만 명에 이를 정도의 큰 도시가 되었다. 하지만 그들에 대한 주변 부족의 원한은 계속 커져만 갔다. 전쟁이 지속될수록 희생제의에 필요한 포로들과 공물이 계속 징수되었기 때문이다. 그러던 중 1519년 스페인의 에르난 코르테스가 등장하자 아스테카 제국에 오랜 원한이 쌓인 주변 부족들이 코르테스의 편에 섰다. 아스테카 부족을 소수 정예 군대로 제압하는 스페인군에 경외심을 느끼고 동맹을 맺은 것이다. 스페인군과 주변 부족들의 공격에 더해 스페인 침략자들이 퍼뜨린 치명적인 전염병이 더해졌다. 아스테카 제국은 단 2년만인 1521년에 무너져버리고 말았다.

레콩키스타를 완성한 스페인, 바다로 향하다

그렇다면 코르테스는 어떠한 배경에서 멕시코 땅에 상륙했을까? 스페인은 약 800년간 이슬람 세력에 지배당하다가 국토회복운동인 레콩키스타*reconquista*를 통해 이슬람에 빼앗겼던 땅을 북부에서 남부로 조금씩 수복했다. 카스티야-레온 왕국의 이사벨 1세와 아라곤 왕국의 페르난도 2세가 결혼한 뒤에는 이슬람 세력을 이베리아 반도에서 몰아내는 데 성공했다. 레콩키스타가 완성된 1492년 포르투갈은 이미 아프리카 남단의 희망봉을 돌아 인도 진출을 향한 꿈에 박차를 가하고 있었다. 이사벨 여왕도 이를 지켜만 볼 수는 없었다. 콜럼버스를 비롯한 신대륙 탐험가들을 전폭 후원하고 신항로를 구축하기 위해 노력했다. 이 과정에서 스페인과 포르투갈은 탐험 지역에 대한 소유권 분쟁을 해결할 목적으로 토르데시야스*Tordesillas* 조약을 맺었다. 이로써 포르투갈은 인도산 후추를 독점하게 되

● 이슬람을 몰아낸 레콩키스타(국토회복운동)

1493년 최초 경계선 확정 후, 1년간 스페인, 포르투갈이 논의를 거쳐 토르데시야스 조약 체결(1494)

교황 알렉산데르 6세의 칙서에 따른 경계선(1493)

● 토르데시야스 조약(1494)

었고 스페인은 대서양을 건너 카리브해 진출을 본격화했다. 에르난 코르테스도 그중 한 명이었다.

그는 1504년 현재의 도미니카 공화국의 수도인 산토도밍고에 상륙했다. 그곳에서 6년간 근무하며 승승장구하던 코르테스는 1511년 쿠바 정복을 위한 원정길에 올랐고 손쉽게 점령했다. 쿠바에 머물던 1517년 스페인 탐험대 일부가 멕시코 동쪽 끝의 유카탄 반도를 발견했고 원주민들이 엄청난 황금을 보유하고 있다는 소문이 삽시간에 퍼졌다. 이에 코르테스는 1519년 2월 600명의 스페인군과 300명의 원주민, 대포와 함께 유카탄 반도에 상륙했다. 그렇게 스페인이 지배하는 식민지 시대가 시작되었다.

스페인 수탈에 맞서 싸운 멕시코 독립전쟁

(1810~1821)

스페인은 멕시코 지역을 '새로운 스페인'이라는 의미의 누에바에스파냐라 이름 붙였다. 그리고 식민 통치를 위해 일종의 카스트 제도를 만들었다. 최상층은 스페인 본토에서 건너온 페닌술라르*peninsular*이다. 가장 상위 계급으로 사회의 중요 요직을 장악했다. 그 다음은 페닌술라르의 후예로 멕시코 현지에서 태어난 크리오요*criollo*이다. '자라나다'는 뜻의 스페인어인 '크리아르*criar*'에서 왔다. 그 다음은 백인과 원주민의 혼혈인 메스티소였다. 뒤를 이어 원주민과 흑인 노예가 하층 계급으로 사회를 구성했다.

멕시코는 볼리비아의 포토시에서 캐낸 은을 서부 지역의 아카풀코 항구를 통해 아시아에 수출했다. 은은 스페인의 또 다

● 과거 누에바에스파냐의 영토

른 식민지인 필리핀을 거쳐 중국에 전해져 중국의 비단, 도자
기 등과 교환되었다. 교환한 물품은 다시 멕시코로 전해졌고
대서양의 베라크루스 항구를 통해 스페인의 세비야로 이동했
다. 멕시코는 은 무역과 함께 세계 경제의 축으로 자리잡아갔
지만 스페인이 이를 그냥 두고볼리 없었다. 멕시코에 부가 쌓
이지 못하도록 지속적인 약탈과 제도적인 압박이 이어졌다.

스페인의 잔혹한 식민지 수탈

1821년 우여곡절 끝에 이룬 멕시코의 독립은 어떻게 시작되었을까? 대부분의 혁명은 경제 상황이 악화되었을 때 촉발된다. 멕시코도 경제적인 어려움에 처하자 혁명의 씨앗이 발아했다. 여기에는 두 가지 원인이 작용했다.

첫 번째 원인은 포도와 올리브 재배를 제한한 조치였다. 스페인은 자국의 지주들에게 조금이라도 피해가 가는 것을 원치 않았다. 스페인 남부 안달루시아 지방의 주요 수입원인 포도주와 올리브유를 보호하기 위해 스페인은 멕시코의 포도와 올리브 재배를 제한했다. 이에 더해 스페인에서 멕시코로 수출하는 포도주와 올리브유에 높은 관세를 매겨 수탈을 가중시켰다.

두 번째 원인은 1807년부터 2년간 심각한 가뭄이 멕시코를 덮쳤기 때문이다. 그런데도 누에바에스파냐 총독부는 식량 저장고를 풀지 않았다. 곡물은 아주 귀했고 물가는 치솟았다. 배고픔에 지친 민중은 잔뜩 화가 날 수밖에 없었다.

미겔 이달고 신부의 '돌로레스의 절규'

이때 '멕시코 독립의 아버지'로 평가받는 카톨릭 신부 미겔 이달고 이 코스티야*Miguel Hidalgo y Costilla*가 등장했다. 그는 멕시코 왕립대학교에서 철학과 신학을 공부한 인물로 프랑스 대혁명으로 자유주의와 계몽주의가 확산되어 가는 상황을 목격한 뒤 조국 독립을 꿈꾼다. 한편 그는 일탈이 잦던 인물이기도

● 미겔 이달고 신부와 돌로레스의 절규

하다. 한때 방탕한 생활과 도박에 빠져 학교 자금을 잘못 사용한 사실이 발각되어 학장의 자리에서 쫓겨난 것이다. 그는 결국 돌레레스 교구의 일반 신부가 된다. 그런데 이 과정에서 민중의 고통을 직접 목격하면서 본격적으로 독립운동에 뛰어든다.

1810년 9월 16일 미겔 이달고 신부가 연설문을 낭독했다. 이를 '돌로레스의 절규'라고 부른다. 돌로레스*Dolores*는 '아픔, 아픔을 느끼는 자'를 뜻하는 스페인어이다. 돌로레스의 절규를 들은 민중은 하나둘 일어났고 순식간에 10만 명을 넘어섰다. 1811년 11월 17일 미겔 이달고 신부는 왕당파의 저항에 부딪혀 죽임을 당하지만 멕시코 독립운동은 가속화되었다. 무기로 무장한 민중은 감옥을 파괴해 죄수들을 석방한 후 혁명군에 편입시켰다. 이후 오랜 독립 투쟁이 이어졌다. 그리고 1821년 9월 코르도바 조약을 통해 멕시코 제국의 독립 선언이 채택되었다. 이로써 멕시코는 독자적인 국가로 탄생했다.

독립 이후의 멕시코

멕시코의 독립 과정에 또 다른 주요 인물이 있다. 바로 아구스틴 데 이투르비데*Agustín de Iturbide*이다. 그는 스페인군 소속 식민지군 사령관으로 독립운동 세력의 대척점에서 항쟁을 막던 인물이다. 그런 그의 심경에 변화가 찾아온다. 나폴레옹에 유럽이 패한 뒤 스페인 본토에 자유주의 개혁이 확산되는 것을 목격하면서부터다. 그는 누에바에스파냐를 위해 싸우던 것을 멈추고, 독립운동 세력과 손을 잡고 멕시코의 독립을 선언했다.

나폴레옹과 같은 강력한 왕권의 신봉자였던 그는 나폴레옹을 본따 스스로 아구스틴 1세로 황제에 즉위해 멕시코 제국을 건설했으나 머지않아 1824년 총살되고 만다. 같은 해 멕시코는 헌법을 제정하고 공화국을 수립해 과달루페 빅토리아*Guadalupe Victoria*가 멕시코 제1연방공화국의 첫 번째 대통령에 취임했다. 하지만 쿠데타가 이어지며 불안한 정국은 계속되었다. 한편 멕시코 북쪽에서는 미국이 서부 지역으로 급격히 팽창해가며 어두운 그림자를 드리우고 있었다.

미국과의 첫 충돌,
텍사스 독립전쟁

(1835~1836)

미국의 서부로의 급격한 팽창은 결국 멕시코와의 충돌로 이어졌다. 텍사스Texas주, 콜로라도Colorado주, 네바다Nevada주, 캘리포니아California주 등 지금의 미서부 지역은 과거에 모두 멕시코 땅이었다. 지명을 보면 역사를 알 수 있다. 'Colorado'는 스페인어로 '붉은색으로 칠해졌다'는 뜻이며, 'Nevada'는 스페인어로 '눈으로 덮였다'는 뜻이다.

여러 멕시코 지역 중 충돌의 시작은 텍사스 공화국이었다. 텍사스 사람들은 보수적이고 억세다. 텍사스인으로서의 자부심도 강하다. 여기에는 멕시코에 맞서 독립한 역사에 대한 자부심도 한몫한다.

멕시코 땅 텍사스, 미국으로 넘어가다

텍사스는 과거 스페인이 지배했던 지역이었다. 이후 19세기 초 멕시코 독립전쟁이 일어났고 자연스레 텍사스도 멕시코에 편입되었다. 그런데 이곳은 인구가 부족해 미국 남부의 앵글로색슨계 백인 농장주의 이주가 늘어났고 1835년경에는 백인 이주민이 약 3만 5,000명으로 멕시코계 주민 8,000여 명을 압도했다. 백인 인구가 점차 늘어나자 멕시코는 불안감을 느꼈다. 멕시코는 미국인 이주 제한에 더해 무거운 세금까지 물리기 시작했다. 여기에 더해 쿠데타로 집권한 멕시코의 제8대 대통령인 산타 안나*Santa Anna*가 중앙정부 강화를 명분으로 연방 의회와 민병대를 해산하기에 이르렀다.

미국 이주민들은 본인들이 닦아놓은 터전을 포기할 수 없었다. 그래서 텍사스 의용군을 조직해 샌안토니오*San Antonio*시를 점령했다. 산타 안나는 이러한 상황을 접하고 6,000여 명의 대규모 부대를 지휘해 텍사스로 진군했다. 1836년 2월 알라모 요새에서 184명의 텍사스 이주민이 13일간의 치열한 전투를 했으나 멕시코군에게 전멸당했다.

멕시코 입장에서 볼 때 이쯤되면 상대가 깔끔하게 항복하는 게 당연했다. 그런데 알라모 요새에서 장렬하게 전사한 사람들의 이야기가 전해지며 상황이 예상치 못한 방향으로 전개되었다. 이주민들은 복수심에 불탔고 자원병이 증가했다. 1836년

● 알라모 요새 전투

4월 21일 샘 휴스턴*Sam Houston*이 "Remember the Alamo!(알라모를 기억하라!)"를 외치며 기습했는데, 휴스턴의 부대원 9명이 전사하는 동안 멕시코군은 무려 600명 넘게 전사했다. 반격을 예상하지 못한 산타 안나의 상황 판단과 독립전쟁 이후 쇠약해진 군사력도 문제였다. 결국 산타 안나를 비롯해 멕시코군 730명이 포로로 잡히며 텍사스는 독립에 성공했다.

이후 텍사스 공화국은 10년 가까이 하나의 독립된 나라로 존재하다가 1845년 미 합중국의 일원이 되었다. 텍사스 공화국의 독립을 이끌고 초대 대통령을 지낸 샘 휴스턴이 미국과의 합병을 주도했다. 그의 용맹함을 기려 미해군은 잠수함정의 이름을 샘 휴스턴으로 명명하기도 했다. 텍사스주의 휴스턴*Houston*시 또한 그의 이름을 딴 것이다.

멕시코의 수수께끼, 산타 안나

미국의 학자 윌프리드 하디 콜
코트*Wilfrid Hardy Callcott*가 1936년
산타 안나에 대해 저술한 책이 있
다. 윌프리드는 외교와 역사 분야
에 정통했던 인물이다.《산타 안나
Santa Anna》라는 책의 부제는 'The
Story of an Enigma who once
was Mexico(한때 멕시코였던 수수께
끼)'였다. 산타 안나는 멕시코 근대
사의 흐름과 함께한 인물이다.

● 멕시코 제1공화국의 제8대 대통
령, 산타 안나

그는 앞서 소개한 멕시코 제1제국을 세운 아구스틴 이투르비
데에게 충성을 맹세했고 스페인군을 멕시코 땅에서 몰아냈다.
그러나 이투르비데의 인기가 떨어지자 그를 실각시키는 편에
선다. 이후에는 쿠데타에 가담해 제1연방공화국의 초대 대통령
인 과달루페 빅토리아를 실각시켰다. 물론 산타 안나가 멕시코
독립에 기여한 측면은 있다. 그는 1829년 멕시코를 다시 침략한
스페인을 상대로 승리를 거두며 높은 인기를 얻었고 1833년 대

통령 자리에까지 올랐다.

하지만 대통령이 된 후 잇따른 실패로 그는 여러 차례 자리에서 내려와야 했다. 멕시코인에게 있어 비극은 그가 권토중래하며 끊임없이 대통령의 자리에 복귀했다는 점이다. 1855년 자유주의자들에 축출당하기까지 20년이 넘는 기간동안 그는 멕시코의 오욕의 역사를 만들었다.

그는 대통령으로서 중앙집권적이고 보수적인 정부를 수립했지만 중앙에서 멀리 위치한 지역의 통제력은 약화되었다. 군대를 직접 이끌었지만 정규 군사학교를 나오지 않는 등 제대로된 교육을 받지 못한 인물이었다. 결국 승리에 도취되어 텍사스와의 전쟁에서 패배했고, 이어진 미국과의 전쟁에서도 연전연패하며 멕시코 땅의 상당 부분을 넘겨주었다. 물론 당시 멕시코는 스페인과의 독립전쟁으로 쇠약해져 있었고 팽창하던 미국을 막기에는 역부족이었다. 그런데도 나라를 위해 대국적인 국가 운영을 하기보다 본인의 영달을 위한 과욕이 앞섰다는 점에서 산타안나는 멕시코 근대사에 안타까운 기록을 남기고 말았다.

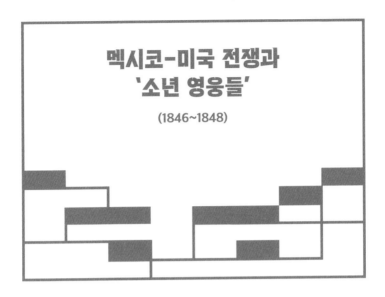

멕시코-미국 전쟁과
'소년 영웅들'
(1846~1848)

　역사적 이벤트는 어떻게 기록되는가에 따라 인식이 달라질 수 있다. 대표적인 단어가 '대항해시대'이다. 대항해시대는 15세기 중반 포르투갈의 해외진출을 시작으로 후발주자인 영국, 네덜란드, 프랑스가 동참한 17세기까지를 일컫는다. 스페인어로는 '아메리카의 발견*Descubrimiento de América*'이라고 쓰고 영어로는 '발견의 시대*Age of Discovery*'라고 쓴다. 유럽 국가들의 입장에서 아메리카는 '새로운 발견'이었으므로 틀린 말은 아니나 아메리카 원주민이나 아프리카, 동남아 국가 사람들 입장에서 대항해시대는 침략과 약탈로 얼룩진 시대였다.

멕시코에 대한 미국의 간섭

1846년 4월에서 1848년 2월까지 이어진 멕시코-미국 전쟁도 이와 비슷하다. 미국 입장에서는 '멕시코-미국 전쟁Mexican-American War'이라고 부르지만 멕시코는 '멕시코에 대한 미국의 간섭Intervención estadounidense en México'이라 일컫는다. 무력을 사용해 침략했다는 의미이다. 이 전쟁은 근본적으로 미국의 서부 확장 야욕에서 시작되었다.

미국은 어떤 과정을 거쳐 서부로 확장했을까? 역사를 거슬러 1754~1763년 프렌치인디언 전쟁 때로 가보자. 이 전쟁은 프랑스와 인디언 간의 싸움이 아니다. 북아메리카에서 벌어진 프랑스와 영국 간의 식민지 쟁탈 전쟁이었다. 북미 지역에서 수적으로 열세였던 프랑스가 인디언과 동맹을 맺고 영국에 맞서 싸워 붙여진 이름이다. 프랑스군이 몇몇 전투에서 승리를 거두기도 했지만 결국 전쟁은 영국이 승리했고 이로써 영국은 북미 지역에 더욱 견고하게 뿌리를 내렸다.

후유증도 있었다. 많은 돈을 전비로 쓰다 보니 막대한 부채를 떠안게 된 것이다. 영국 정부는 빚을 갚기 위해 식민지에 과도한 과세를 시행했다. 1764년 설탕세에 이어 1765년에는 인지세를 부과했다. 미국 식민지 거주민들의 반발로 다음해에 철회되었지만 영국은 또 다른 기회를 엿보다가 1773년에 홍차조례를 제정했다. 사실 조례 자체만으로는 과도한 조치가 아니

● 멕시코-미국 전쟁

었다. 당시 영국의 경쟁자였던 네덜란드는 홍차에 관세를 부과
하지 않은 터라 미국 식민지 밀수업자들은 네덜란드에서 더 싸
게 홍차를 구매해왔다. 그런데 영국의 홍차 조례로 밀수업자들
이 세금을 내게 된 것이다. 이들은 돈벌이가 침해당한다고 여
겼고 설탕세 부과 때부터 쌓여온 분노가 폭발해 메사추세츠만
인근의 영국 선박을 습격해 차 상자들을 바다에 버렸다. 이 사
건은 미국 독립 전쟁의 불씨가 되었고 오랜 전쟁 끝에 미국은
영국의 통제에서 벗어나 1783년 독립에 성공한다.

북동부 지역 13개 주를 중심으로 신생국이 된 미국은 점차
서쪽으로 확장했다. 먼저 나폴레옹 보나파르트Napoleon Bonaparte
에게 특사를 보내 미국 중부 전체에 해당되는 프랑스령 루이
지애나를 매입했다. 당시 프랑스는 경제적으로 든든한 기반이
되어준 아이티Haiti라는 풍요로운 식민지가 있었던 터라 프랑

스 이민자가 많지 않은 미국 중부의 땅을 가지고 있어 봐야 미국과 충돌할 뿐이라는 생각에 쉽게 양보를 결정했다.

이후에도 미국은 계속 서쪽으로 팽창했고 멕시코가 소유하던 서부 지역과 충돌했다. 이중 한 곳이 텍사스였고, 지금의 캘리포니아, 네바다 등 서부 전역으로 전선이 확대되었다. 사실 텍사스 전쟁에서 패한 멕시코는 더 이상 싸울 여력이 없어 텍사스를 넘겨주고 미국과의 외교를 단절하는 정도에서 마무리하고 싶었다. 굳이 싸워서 득될 게 없었기 때문이다. 반면 미국은 달랐다. 당시 미국 대통령이었던 제임스 포크James Polk가 영토 팽창론자였다는 점도 영향을 끼쳤다. 그는 미국이 대국이 되려면 대서양뿐 아니라 태평양을 소유해야 한다고 믿었다.

마침내 1846년 4월 양국 간에 무력 충돌이 발생했다. 미국 군대가 리오그란데 강을 건너자 국경 지역은 순식간에 뚫렸고, 멕시코 남단의 베라크루스항구를 통해 들어온 미군에 의해 수도인 멕시코시티는 함락되었다.

1848년 2월 양국은 불평등조약인 과달루페 이달고 조약 Treaty of Guadalupe Hidalgo을 체결하게 된다. 이 조약으로 멕시코는 미국에 광대한 토지를 양도했다. 캘리포니아주, 애리조나주, 뉴멕시코주, 네바다주, 유타주, 콜로라도주에 이르는 멕시코 북서부 전역이 미국에 넘어갔다.

멕시코의 자부심, 소년 영웅들

멕시코시티의 차풀테펙*Chapultepec* 공원 입구 주변에 소년 영웅들을 기리는 여섯 개의 기둥이 있다. 이 기둥은 멕시코-미국 전쟁에서 끝까지 미국에 대항했던 여섯 명의 어린 육군사관학교 생도를 의미한다. 이들을 스페인어로 '소년 영웅들'을 뜻하는 '니뇨스 에로에스*Niños Héroes*'라고 부른다.

1947년 9월 15일 차풀테펙에 미군이 나타나자 멕시코 군인들은 겁을 내며 줄행랑을 쳤으나 이 여섯 생도는 건물을 함락시키러 올라오는 미군에게 바위를 던지며 마지막까지 응전했다. 비록 전쟁에서는 졌지만 미국마저도 이들의 용기에 감동해 시신을 멕시코 국기에 싸서 본국에 돌려주었다. 멕시코인들은 이들의 용맹함을 기리고 추모해 여섯 개의 기둥을 세웠다.

● 차풀테펙 공원의 소년 영웅들 기념탑

행진곡 〈라쿠카라차〉와
멕시코 혁명

(1910~1917)

가축이 없었던 멕시코, 천연두에 당하다

20세기 초 멕시코 혁명 당시, 멕시코는 자본가와 농민 사이에 이미 오랜 갈등이 누더기처럼 쌓여있었다. 차근히 역사를 거슬러 올라가면 이에 대한 근본 원인을 찾을 수 있다.

유라시아 대륙의 서쪽 끝에 위치한 스페인은 오랜 기간 농사를 지어왔다. 메소포타미아에서 시작된 농업이 유럽으로 지속 전파된 데다 이슬람이 전파한 관개수로 덕분이다. 이에 쟁기질을 위해 소와 같은 가축이 필요했고, 이는 식량이 부족한 춘곤기에 훌륭한 식량이 되어주기도 했다. 이 과정에서 불가피하게 가축의 병균이 사람에게 옮겨졌는데, 대표적인 병이 천연두다. 오랜 기간에 걸쳐 많은 유럽인이 죽어나갔다. 하지만 결국 유럽인에게는 천연두에 대한 내성이 생겼다.

반면 멕시코가 있는 아메리카 대륙은 유라시아 대륙만큼 농업이 발달하지 못했고, 수렵과 채집을 중심으로 사냥하며 살아왔다. 1519년 스페인 침략자들이 아스테카 제국에 쳐들어왔을 때 아메리카 원주민들은 병균과 바이러스에 내성이 없었던 것이다.

거대 문명을 이룩했지만 아스테카 제국은 스페인 침략자들이 가지고 온 병균에 속수무책이었다. 인구의 대부분이 소멸했다. 질병을 이기지 못하고 사람들이 죽자 스페인은 중남미와 카리브해 식민지의 플랜테이션 농장에서 일할 노동력이 부족해졌다. 이에 아프리카에서 노예를 데려왔고 스페인 본토에서 많은 사람들을 이주시켰다.

끈기있게 저항한 민중, 라쿠카라차

스페인 식민지 시대 생긴 페닌술라르, 크리오요, 메스티소, 물라토라는 계층의 분화는 독립 이후에도 이어져 자본가와 농민의 빈부 격차는 점점 더 커졌다. 그리고 이를 심화시킨 독재자 포르피리오 디아스*Porfirio Díaz*가 있었다. 그는 1860년대 프랑스와의 전쟁에서 군인으로 참여했고 승리에 일조했다. 이후 함께 자유주의를 추구했던 제26대 대통령 베니토 후아레스*Benito Juárez*가 지병으로 떠나자 권력에 욕심을 냈다. 임시 대통령인 호세 마리아 이글레시아스*José María Iglesias*를 쫓아내고 1876년 대통령의 자리에 오른 그는 헌법 개정을 통해 무려 31년 동안 집권했다.

포르피리오 디아스는 메스티소 어머니와 크리오요 아버지 사이에서 태어났다. 일부 원주민의 피를 이어받았는데도 사고 방식은 크리오요와 같았다. 원주민들을 야만인으로 여기고 탄압했다. 그는 해외 자본을 끌어와 철도망, 공업 투자와 같은 근대화를 추진했고 농업도 대형화, 기계화하며 대농장주 중심의 정책을 폈다. 이에 메스티소, 원주민 등 지주가 아닌 농민들이 소작농으로 전락했고 갈등은 심화되었다.

민중의 분노는 끝내 폭발하여 1910년 여러 세력이 무장 투쟁을 일으키며 혁명을 일으켰다. 모두가 한 목소리로 '디아스 타도'를 외쳤다. 북부 일대에서는 판초 비야*Pancho Villa*가, 멕시코시티 남쪽에서는 에밀리아노 사파타*Emiliano Zapata*가 무장 봉기를 일으켰다. 코아우일라주의 베누스티아노 카란사*Venustiano Carranza*와 치와와주의 파스쿠알 오로스코*Pascual Orozco*도 차례로 봉기를 일으켰다. 전국 각지에서 결집한 농민과 노동자들은 정부의 군사적 탄압에 맞서 용감하게 싸우고 더 나은 사회를 만들어가고자 노력했다. 그들의 멈추지 않고 진군하는 모습을 드러내는 민중가요가 〈라쿠카라차*La Cucaracha*〉이다.

라쿠카라차는 스페인어로 '바퀴벌레'를 의미한다. 자신의 몸보다 몇 천 배되는 높이에서 떨어져도 살아남고 먹이가 없어도 한참을 살아남는 바퀴벌레의 강한 생명력을 민중의 끈질긴 투쟁에 비유했다. 결국 혁명 세력은 포르피리오 디아스 독재 정권을 무너뜨리는 데 성공하고 새로운 개혁 정부가 들어섰다.

그러나 민중이 꿈꾸었던 사회의 전면적 개혁은 일어나지 않았다. 반(反) 포르피리오 디아스로 한데 뭉쳤지만 너무나 다양한 세력의 이해관계가 얽힌 것이다. 예를 들어 카란사는 중상류층 집안이었고 오로스코는 금광 사업으로 부를 축적한 부유한 집안 출신이었다. 반면 비야는 넉넉치 못한 농장 노동자의 아들이었다. 사파타는 대농장주에 대한 불신이 컸다. 이렇게 배경이 다르다 보니 혁명으로 얻고자 하는 결과도 상이했다. 혁명의 여러 방향성은 결국 충돌했고 비야, 사파타, 카란사, 오로스코 모두 정치적 반대파에 살해당하며 최후를 맞이했다. 이후 멕시코는 1930년대에 이르기까지 혼란의 시간을 겪었다. 세계를 엄습한 대공황도 영향을 끼쳐 혁명 정부가 들어선 이후에도 한동안 정치적·경제적 불안정성이 이어졌다.

차츰 자리를 잡아간 정치와 사회

그럼에도 혁명 이후 멕시코의 정치와 사회는 한걸음씩 나아갔다. 1917년 혁명 정부에서 공포한 자유주의 헌법이 현대 멕시코 정치체제의 기틀을 닦아 입법부, 사법부, 행정부의 3권 분립이 확립되고 특정 정당이 권력을 독점하는 것을 막았다. 현재 입법부는 미국과 같은 상원과 하원으로 나뉘어 상원은 128석, 하원은 500석으로 구성되었다. 총 128석의 상원은 32개주에서 각 3명씩 총 96명을 선출하고● 나머지 32석은 전국을 대상으로 한 비례대표제로 선출한다. 총 500석의 하원에서도 300석은 선거구별로 선출하고, 나머지 200석은 비례대표제로 선출한다. 이렇다 보니 7~8개에 이르는 다양한 정당이 의회에 진출해 있다. 혁명으로 이룬 가장 큰 성과는 대통령의 임기를 6년 단임제로 바꾸어 재선을 불가능하게 한 것이다. 뼈아픈 경험을 바탕으로 더 이상 독재자가 출현할 수 없게 했다.

● 각 주에서 가장 많은 득표를 얻은 정당이 2석을 차지하고, 2위를 차지한 정당이 나머지 1석을 갖는다.

라쿠카라차의 유래

라쿠카라차의 유래에는 여러 가지 설이 있다.

먼저, 혁명가인 판초 비야가 타던 자동차가 워낙에 고장이 잦았는데 그 차의 모양이 바퀴벌레를 닮았다는 데서 온 설이다.

다음은 농민들의 싸움을 돕기 위해 여인네들이 음식 바구니를 메고 줄지어 걸어가는 모습이 마치 바퀴벌레가 부지런히 몰려다니는 것 같다는 데서 유래했다는 해석이다.

〈라쿠카라차〉는 멕시코 혁명 시 새로 생겨난 노래가 아니다. 15세기 즈음 탄생해 여러 전쟁을 거쳐 다양한 가사로 재탄생해왔다. 그중 가장 잘 알려진 가사는 다음과 같다.

La cucarahca, la cucaracha (라쿠카라차, 라쿠카라차)

바퀴벌레, 바퀴벌레

Ya no puede caminar (야 노 뿌에데 까미나르)

더 이상 걸을 수 없구나

Porque no tiene, porque le falta marihuana que fumar

(뽀르께 노 띠에네, 뽀르께 레 빨따 마리우아나 께 뿌마르)

왜냐하면 이제 더 이상 필 마리화나가 없으니 말이야

위의 내용 중 마리화나는 대마를 뜻하며 법적으로 금지되어 있다. 다만 혁명 과정에서 발생하는 피비린내 나는 전쟁의 참상을 이겨내고 시름을 이겨 내기 위한 임시방편이었다. 아이러니하게도 멕시코 혁명 당시 미국 남부 지역에 멕시코 피난민이 몰렸고 이주민이 대거 유입되었다. 이는 결국 미국 전역에 대마가 퍼져나가는 계기가 되었다.

멕시코 최대 호황기,
1968 올림픽과 1970 월드컵 개최

멕시코, 최고의 호황기를 맞이하다

멕시코 사회의 변화를 이끈 대표적인 인물은 1930년대 중후반에 집권한 라사로 카르데나스 델리오*Lázaro Cárdenas del Río* 대통령이다. 그는 멕시코 현대사의 영웅으로 추앙받는다. 1934년에 대통령이 되어 1940년까지 여러 개혁의 선봉장 역할을 자처했다. 보통 교육을 확대하고, 노동자들의 권리를 강화했다. 혁명에서 목이 터져라 외쳤던 토지 개혁도 진행해 땅이 없는 농민들에게 토지를 재분배했다. 그의 중요한 업적 중 또 하나는 석유기업의 국유화이다. 이렇게 국영기업 페멕스*Pemex*가 탄생했고, 석유뿐 아니라 천연자원에 대한 통제권까지 갖게 되었다. 여기서 창출되는 재원은 멕시코 경제 성장의 밑거름이 되었고 멕시코는 꾸준히 성장을 구가했다.

1940년대에서 1970년대까지는 멕시코의 기적으로 불린다. 이 시기 멕시코의 연평균 성장률은 6~7%에 달했다. 1, 2차 세계대전으로 인한 경제특수와 정부가 주도한 중공업을 기반으로 경제가 건실하게 성장했고 여기에 불을 붙여 가속화를 이끈 것이 바로 석유였다. 세계는 1970년대에 두 차례 큰 석유 파동을 겪었는데, 이 과정에서 산유국인 멕시코는 엄청난 이윤을 창출했다.

1968 멕시코시티 올림픽과 1970 멕시코 월드컵

우리는 1988년에 서울올림픽을 치루었고 이 시점을 기점으로 경제가 괄목할 만한 성장을 이루었다. 이로부터 정확히 20년 전에 지구의 반대편인 멕시코시티에서도 올림픽이 열렸고 우리나라가 그러했듯 멕시코 또한 전 세계의 주목을 받았다.

물론 그 이면에는 내부 갈등과 진통도 있었다. 올림픽 개최를 위해 너무 많은 돈이 지출되었고, 일당 독재의 종식과 사회적 부조리 개선을 외치는 민중을 과도하게 탄압했던 것이다. 대표적인 사건이 틀라텔롤코 학살 *Tlatelolco massacre* 이다. 1968년 10월 2일 멕시코 시티의 틀라텔롤코 광장에서 대규모 반정부 시위가 열렸는데, 군과 경찰의 무리한 진압으로 수백 명의 학생이 총에 맞아 희생되었다. 올림픽 시작까지 단지 며칠을 앞두고 일어난 일이라 전 세계에 각인되었다.

우여곡절 끝에 올림픽을 치룬 멕시코는 2년 후인 1970년 멕시코 월드컵을 개최해 성장하는 멕시코의 경제와 사회의 모습을 전 세계에 보여주었다. 1970 멕시코 월드컵은 유럽과 남미가 아닌 곳에서 최초로 개최된 월드컵이어서 더욱 의미가 컸다. 또 이 대회에서는 현대 축구 경기에까지 이어져 오는 새롭게 도입된 내용이 많았다.

먼저 옐로카드와 레드카드 제도가 도입되었다. 선수 교체 제도도

● 1968년 멕시코 올림픽

● 1970년 멕시코 월드컵(브라질 우승, 펠레)

새로 시작되었다. 믿기지 않겠지만 과거에는 처음 출전한 선수가 끝까지 뛰는 무지막지한 방식이었다. 월드컵 공인구도 이때 처음으로 도입되었다. 공인구는 한 대회의 공식경기에서 통일해서 쓰도록 인정한 공이다. 이전까지만 해도 서로 사용해오던 공이 다르다 보니, 어떤 공을 쓸지 신경전이 심했다. 많은 것이 규격화되고 자리 잡아가는 단계였다. 이 월드컵에서 멕시코는 8강에 그쳤지만 브라질은 세 번째 우승을 차지했고 축구 황제 펠레가 그 중심에 서 있었다.

월드컵의 마스코트에는 개최국의 역사와 문화를 상징하는 캐릭터가 반영된다. 1970년 월드컵의 마스코트는 멕시코를 상징하는 초록색 유니폼에 챙이 큰 전통 모자 솜브레로를 쓴 후아니또*Juanito*였다.

● 멕시코 월드컵 마스코트

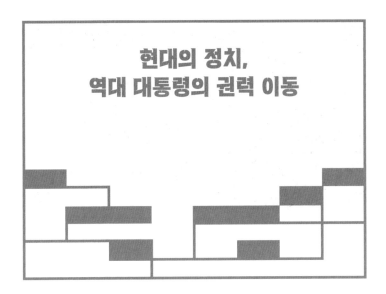

현대의 정치,
역대 대통령의 권력 이동

멕시코의 이루지 못한 꿈, 콜로시오

제도혁명당PRI 은 멕시코의 현대사를 이끌어온 정당이다. 1929년부터 무려 71년을 집권했다. '혁명을 제도화한다'는 기치를 걸었는데, 아이러니하게 또 다른 일당 독재로 이어진 것이다. 1970년대 멕시코는 석유 수출을 바탕으로 꾸준한 성장을 이루었지만 지나치게 많은 외채를 끌어다 인프라에 투자한 탓에 빚을 갚을 수 없어 1982년 모라토리움을 선언했다. 멕시코의 경제는 과거의 호시절로 돌아갈 수 없었다. 제도혁명당의 탄탄했던 입지도 흔들리기 시작했다. 하지만 멕시코 정치의 주도권은 여전히 제도혁명당이 쥐고 있었다.

● 루이스 도날도 콜로시오

멕시코 내부적으로 빈부 격차가 심화되고 국민의 삶이 어려워져갔을 때 등장한 인물이 있었다. 루이스 도날도 콜로시오 *Luis Donaldo Colosio*이다. 대쪽 같은 성격을 가진 그는 1994년 제도혁명당의 대선후보가 되었고 후원을 약속하는 정부인사, 기업인들을 모두 거부하며 사회의 뿌리부터 개혁하겠다고 다짐했다. 기득권의 대척점에 선 것이다. 그런 그가 대통령이 되는 것이 누군가에겐 두려웠을까? 콜로시오는 유세 중이던 1994년에 3월에 암살당하고 만다. 빈곤층에 있는 국민과 직접 소통하기 위해 찾은 유세현장에서의 죽음이라 더 안타까운 일이었다. 국민에게 큰 지지를 받던 그였기에 이 사건은 멕시코판 존.F.케네디 암살사건으로 불린다. 멕시코 친구들에게 그에 대해 물으면 '이루지 못한 꿈'이라고 말한다.

콜로시오가 암살되자 국
민 감정이 폭발했다. 제도혁
명당에 가졌던 일말의 기대
도 사라졌다. 새로운 대안이
등장했다. 비센테 폭스*Vicente
Fox*이다. 그는 코카콜라 멕
시코 지사의 CEO 출신이다.
1960년대 후반 그는 천재일
우의 기회를 맞았다. 1968년
멕시코 올림픽과 1970년 멕

● 비센테 폭스

시코 월드컵이 열리면서 국가적인 행사에 코카콜라가 후원을
하게 된 것이다. 영향력과 함께 인지도를 쌓은 그는 1980년대
후반 정계에 입문했고, 이후 과나후아토주 주지사에 올랐다.

비센테 폭스는 기업가로서 쌓은 역량으로 부유층과 외국자
본의 투자를 유치하고 이를 활용해 빈민층을 배려한 맞춤형 대
출 정책을 시행했다. 소외 계층 대상 교육 투자도 아끼지 않았
다. 인기가 높아지며 결국 대통령 선거에까지 나가게 된 그는
본인을 카우보이 이미지로 부각시켰다. 농장에서 자란 과거를
바탕으로 농민들의 지지를 얻고자 한 것이다. 거친 터프가이
이미지를 보여주기 위해 노력한 마케팅은 성공했다. 동시에 기

업인들의 가려운 부분도 긁어주며 여러 계층에서 고른 인기와 신뢰를 쌓았다. 여기에는 관계 마케팅도 한몫했다. 가까운 사람 한 명씩 지지자로 설득하는 '폭스의 친구들' 전략이었다. 가족과 친척, 친구들과의 관계를 중시하는 멕시코인의 특성을 이용해 지지자가 물결처럼 퍼져나가도록 한 이 전략으로 지지자가 기하급수적으로 늘어났다.

드디어 2000년 7월 그는 대통령에 선출되었다. 무려 71년만에 이룬 정권교체였다. 만년 야당이었던 국민행동당*PAN* 소속이었던 그의 당선은 이례적인 일이었고, 그는 역사상 코카콜라 덕에 가장 큰 성공을 거둔 정치인이 되었다.

다가오는 또 한 번의 분기점, 2024년 대선

현 대통령인 안드레스 마누엘 로페스 오브라도르*Andrés Manuel López Obrador*는 제도혁명당 소속이었으나 1988년에 차기 대권주자인 카를로스 살리나스의 정책에 반대해 당을 나와 민주혁명당에 입당했다. 같은 해에 타바스코 주지사 선거에서 패한 그는 선거 과정에 부정선거가 있었음을 알고는 이 문제를 적극적으로 알렸다. 카를로스 살리나스의 선출 과정에도 부정선거 문제가 제기된 상황이라 그의 연설은 큰 관심을 받았고 대중 인지도가 높아졌다.

비센테 폭스가 정권교체
를 이룬 2000년에 멕시코시
티 시장으로 선출된 오브라
도르는 유능한 행정가의 면
모를 보여주었다. 미혼모 등
소외계층 배려 정책을 폈고
고속도로 등 인프라 시설 확
충으로 도시 환경을 개선했
다. 덕분에 임기말까지 엄청
난 지지를 얻었다. 하지만 주

● 안드레스 마누엘 로페스 오브라도르

요 정당의 견제가 끊임없이 이어져 2014년 새로운 정당인 국
가재건운동을 창당하고 결국 세 번의 도전 끝에 2018년 대통
령이 되었다.

그는 트럼프가 주도한 미국, 캐나다와의 무역협정인 USMCA
를 안정적으로 이끌었다. 부유층과 중산층을 위한 텍스코코 신
공항 건설을 백지화하고 대신 산타 루시아 군사기지를 민간 공
항으로 전환하는 합리적인 대안을 추진하며 국민들의 기대에
부흥했다. 집권 막바지에 들어선 오브라도르는 여전히 60%
에 달하는 높은 인기를 구가하고 있다. 2024년 6월 열리는 대
통령 선거와 함께 상원, 하원 의원 선거에서 오브라도르의 정
치적 기반인 국가재건운동이 또 한 번 집권할 수 있을지 귀추
가 주목된다.

함께 생각하고 토론하기

19세기 초부터 멕시코 땅이었던 텍사스에 백인 농장주의 이주가 계속 늘어났습니다. 1835년에 이르러서는 백인 이주민이 멕시코계 주민 8,000명의 네 배가 넘는 3만 5,000명에 이르렀습니다. 멕시코 내 다른 주와 비교해 이질감이 있었죠. 여기에 텍사스인들만의 정체성과 특색이 명확해지며 결국 텍사스는 전쟁을 통해 멕시코로부터 독립하게 됩니다.

● 한 나라에서 일부 지역만 분리 독립을 하면 어떤 장단점이 있을까요?

● ● 독립적인 역사와 문화적 특성을 가진 민족이 있다면 분리 독립을 허용해야 한다고 생각하나요? 동의하거나 동의하지 않는다면 그 이유는 무엇인가요?

4부

문화로 보는
멕시코

"멕시코 사람들은 죽음을 찾아가기도 하고, 조롱하기도 하며,
애무하는가 하면, 함께 자기도 하며 축하도 한다."

– 옥타비오 파스

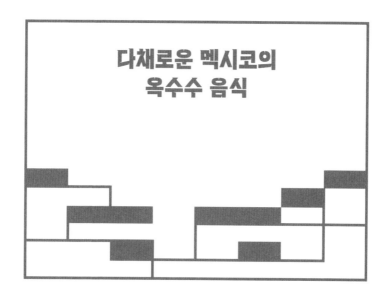

다채로운 멕시코의
옥수수 음식

또르띠야를 기본으로 하는 멕시코 음식

멕시코 음식은 달콤한 맛에서 매운맛까지 다채롭다. 스페인 음식과는 또 다른 매력이 있다. 스페인 요리 중 매운 음식은 깍 둑썰기한 감자 요리인 파타타스 브라바스*Patatas Bravas*● 정도이 지만, 멕시코 요리에는 할라피뇨와 칠리 고추가 흔하게 들어간 다. 우리의 땡초와는 조금 다른 차원의 매운 맛이다.

할라피뇨, 칠리와 함께 멕시코 음식에 빠지지 않는 재료가

● 큐브 모양으로 굽거나 튀긴 감자에 매콤한 브라바 소스를 뿌려 먹는 대표 타파 스 요리

● 또르띠야

하나 또 있다. 바로 옥수수로 만든 또르띠야*tortilla*이다. 또르띠야는 케이크를 뜻하는 스페인어 또르따*torta*에 작은 것을 뜻하는 접미사 'illa'가 붙어 '작은 케이크'를 뜻한다. 옥수수 가루와 밀가루 반죽을 얇게 개어 구워낸다.

넓적한 원형의 또르띠야는 멕시코 음식에서 중요한 위치를 차지한다. 작은 사이즈의 또르띠야에 잘게 썬 고기와 양파, 고수 등을 올리면 '타코*taco*'가 되고 또르띠야에 고기, 콩, 밥 등을 속에 넣어 말면 '부리또*burrito*'가 된다. 부리또를 튀기면 '치미창가*chimichanga*'가 되고 또르띠야를 튀겨 그 위에 다양한 토핑을 올리면 '토스타다*tostada*'가 된다. 또 또르띠야에 고기, 치즈 등을 넣고 말아 매운 고추소스를 뿌리면 '엔칠라다*enchilada*'가 된다.

우리에게 친숙한 음식인 께사디야*quesadilla*도 멕시코 음식이다. 스페인어로 치즈를 뜻하는 께소*queso*를 또르띠야 위에 올린 뒤 또르띠야를 덮어 뒤집어가며 만든 요리이다. 멕시코 현지에서는 다른 재료 없이 치즈만 넣어서 먹는 경우가 많은데, 치킨이나 소고기를 넣어 부리또와 가까운 미국 남부 지방의 텍스멕

스 스타일로 즐길 수도 있다. 또르띠야가 들어가는 요리들을
정리해보면 아래와 같다.

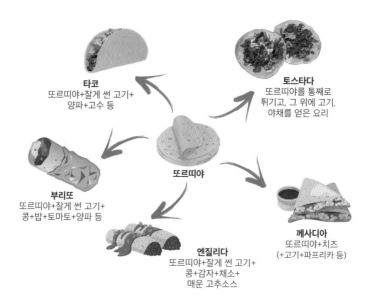

타코
또르띠야+잘게 썬 고기+
양파+고수 등

토스타다
또르띠야를 통째로
튀기고, 그 위에 고기,
야채를 얹은 요리

또르띠야

부리또
또르띠야+잘게 썬 고기+
콩+밥+토마토+양파 등

엔칠리다
또르띠야+잘게 썬 고기+
콩+감자+채소+
매운 고추소스

께사디아
또르띠야+치즈
(+고기+파프리카 등)

멕시코인의 주식인 타코*taco*의 유래는 흥미롭다. 18세기에
멕시코 은광에서 폭약을 다루던 광부들과 관련 있다. 그들은
바위에 구멍을 내기 위해 종이에 화약 가루를 싸서 바위 표면
에 설치했다. 이를 'taco'라고 했다. 또르띠야에 음식을 넣고
싼 타코도 여기에서 유래했다. 타코는 허기를 채우는 역할을
하며 가벼운 점심 메뉴로 많이 찾는다. 야식으로도 인기가 높
다. 멕시코 현지에 가면 가장 많이 먹게 되는 요리이다. 로스
앤젤레스 같은 히스패닉이 많이 사는 미국 도시에서는 자성이

● 또르띠야를 만드는 또르띠예리아

넘은 새벽 시간에도 타코를 파는 푸드트럭을 흔하게 볼 수 있다. 저녁을 늦게 먹는 멕시코인의 식습관이 반영된 것이다. 멕시코 사람들은 보통 오후 8~9시쯤에 저녁 식사를 하고 파티가 있으면 자정까지도 식사를 한다.

　멕시코 어디를 가도 우리나라의 방앗간 같은 '또르띠예리아*Tortilleria*'라는 장소가 있다. 화덕에 둥근 또르띠야를 한 장씩 구워내는 곳이다. 멕시코 사람들은 여기에서 만들어진 따뜻한 또르띠야를 봉투에 담아서 집에 가져간다. 또르띠야는 멕시코 요리의 기본이라서 정부에서도 가격이 크게 오르지 않도록 예의주시하며 필요 시에는 가격을 조정하고 있다.

옥수수 요리, 또르띠야는 그 시작일 뿐

옥수수는 아스테카 문명이 탄생한 메소아메리카에서 오랫동안 생존을 위한 필수 식량이었다. 심지어 아스테카에는 옥수수의 성장 단계마다 고유의 신이 존재하기도 했다. 아스테카 시대의 벽화에 옥수수의 성장주기까지 나와 있을 정도이다.

● 다양한 종류의 멕시코 옥수수

또 멕시코의 신과 관련한 석상에는 옥수수 모형이 함께 조각된 경우도 흔하게 볼 수 있다. 아스테카의 여신 치코메코아틀 *Chicomecoatl*은 '옥수수의 신'으로 불리며 풍요로운 식량과 대지를 상징한다. 아스테카인들은 옥수수를 신의 선물로 여겨 제사 때는 옥수수로 빚은 술을 올리기도 했다. 아이의 탯줄을 옥수수 잎 위에서 자를 정도로 옥수수는 이들에게 신성한 식량이었다.

미국 농무부 자료에 따르면 오늘날 멕시코는 세계 8위 옥수수 생산국이다. 1위는 미국이고 2위는 중국이다. 멕시코는 연간 약 2,800만 톤의 옥수수를 생산한다.

또르띠야 외에도 옥수수로 만든 요리는 매우 다양하다. 멕시코에서는 아침, 점심, 저녁을 모두 다른 옥수수 요리로 먹을

● 멕시코 길거리 음식, 엘로떼   ● 멕시코 전통음식, 타말레스

수 있다. 대표적으로 길거리에서 많이 먹는 '엘로떼*elote*'는 옥
수수를 구운 다음에 마요네즈, 치즈, 고춧가루 등을 듬뿍 발라
먹는 요리이다. 옥수수 버터구이와 비슷하다.

연잎밥을 연상시키는 '타말레스*tamales*' 또한 주 재료가 옥수
수이다. 바나나 잎이나 옥수수 껍질에다 옥수수 반죽을 넓게
펴 고기, 치즈, 과일 등 이런저런 재료를 넣고 쪄서 먹는 요리
이다. 우리나라 송편처럼 타말레스 또한 멕시코를 대표하는 전
통 음식이다. 명절 때 즐겨 먹으며 겨울에 온가족이 함께 옹기
종기 모여서 따뜻한 타말레스를 먹는다.

옥수수가 들어가는 요리로 '포솔레*pozole*'도 빼놓을 수 없다.
우리나라 닭개장 같은 요리인데 칼칼한 맛으로도 즐기고 담백
하게 즐기기도 한다. 집안에 큰 행사가 있을 때면 모두 함께 이

● 멕시코의 잔치요리, 포솔레

요리를 먹는다. 결혼식이나 생일날에도 먹는 잔치요리이다. 포솔레는 닭고기나 돼지고기를 기본으로 양파, 마늘, 오레가노잎을 함께 넣어 오랫동안 냄비에 고아서 불리는데, 대미를 장식하는 것은 다름 아닌 옥수수이다. 옥수수를 넣어서 마지막으로 요리의 맛을 완성한다. 포솔레는 계속 끓일수록 맛의 풍미가 깊어진다.

멕시코의 옥수수 사랑은 현재 진행형이다. 미국의 유전자 변형 옥수수로부터 옥수수 종자를 보호하기 위해 2019년 멕시코 의회는 '국가 옥수수의 날'을 지정했다. '옥수수 없이는 국가도 존재하지 않는다.*Sin Maíz No Hay País.*'는 캠페인을 통해 멕시코의 식량 주권을 지키고 있다.

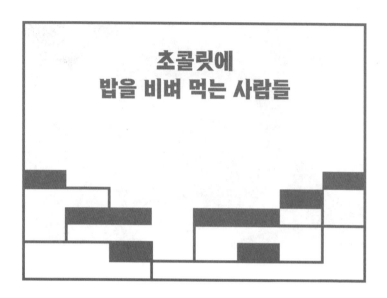

초콜릿에 밥을 비벼 먹는 사람들

파라쿠틴의 화산재 같았던 검은 소스, 몰레

멕시코 중서부에 위치한 파라쿠틴 화산을 여행하던 중 사칸 *Zacán*이라는 작은 마을에서 식사를 하게 되었다. 그때였다. 마치 파라쿠틴의 검은 화산재로 만든 것 같은 음식과 마주했다. 걸쭉한 검은 소스가 닭다리와 밥을 덮고 있었다.

'멕시코 마을에서도 짜장 소스를 먹나?' 음식의 이름을 물어보니 '몰레*mole*'라고 했다. 처음 들어보는 생소한 요리였다. 국자로 이를 퍼주시는 아주머니께서 온화한 미소를 지으시며 "초콜라테, 초콜라테"라고 말씀하셨다. 그 말을 들으며 혼자 속으로 생각했다.

● 매콤한 초콜릿 소스의 몰레

'네, 아주머니. 빛깔이 초콜릿색과 비슷하다는 건 잘 알겠습니다. 이제 어떤 요리인지 알려주세요.'

일단 맛을 보았다. 매콤하기도 하고 달콤하기도 하고 쌉싸름했다. 새롭고 신비로운 맛에 빠져 남김없이 먹어치웠다.

나중에야 몰레라는 요리가 단지 빛깔만 초콜릿을 닮은 게 아니라 실제 주재료도 초콜릿임을 알게 되었다. 멕시칸 레스토랑에서는 한 번도 본 적 없는 메뉴였지만 아주 보편적인 멕시코 가정식 요리라는 것도 알게 되었다. 몰레는 우리나라의 된장이나 고추장이라 할 수 있다. 지역마다 집안마다 장맛이 다르듯 몰레도 지역마다 조금씩 다르다.

몰레는 원주민어인 나와틀어로 '섞었다'는 의미이다. 과거에 대주교가 푸에블라*Puebla* 지역의 산타로사*Santa Rosa* 수녀원을 갑작스레 방문했을 때였다. 막내 수녀가 급하게 대주교를 위한 요리를 고민하다가 주방에 있던 재료들, 즉 고추, 토마토, 양파, 마늘, 닭고기, 초콜릿을 섞어 대접한 게 그 시작이다. 대주교가 매우 만족하며 음식의 이름을 묻자 수녀는 '섞어 만든 음식'이라는 의미로 '몰레'라고 답했다고 한다.

몰레에는 다양한 재료가 들어간다. 땅콩, 호두, 호박씨 등 각종 씨앗까지 많게는 수십 가지 재료가 쓰인다. 나는 이후에도 몇 번 더 몰레를 먹었다. 몰레는 나에게 가장 기억에 남는 멕시코 별미이다.

멕시코 여성들의 삶과 사랑《달콤 쌉싸름한 초콜릿》

멕시코 혁명이 있던 20세기 초 멕시코 여성들의 삶은 어떠했을까? 당시의 시대적 분위기를 엿볼 수 있는 작품이 있다. 멕시코의 대표 여성 작가인 라우라 에스키벨*Laura Esquivel*이 쓴 《달콤 쌉싸름한 초콜렛*Como agua para chocolate*》이다.

이 소설은 막내딸인 티타가 태어나며 본격적으로 이야기가 전개된다. 막내딸은 태어난 순간부터 삶을 구속당한다. 엄마는 전통에 따라 막내딸은 평생 결혼하지 않고 자기를 봉양해야 한다고 말한다. 말도 안 되는 소리라고 하겠지만 당시만 하더라도 이러한 풍토가 남아 있었다.

티타와 페드로는 한눈에 반해 사랑하게 되지만 엄마는 페드로를 첫째 딸인 로사우라와 결혼시키는 잔인한 선택을 한다. 페드로는 사랑하는 티타를 가까운 곳에서 보고 싶다는 이유로 그 결혼을 받아들인다. 티타와 페드로는 함께 식사를 하고 항상 서로의 주변을 맴돌지만 금기된 관계이다.

● 《달콤 쌉싸름한 초콜렛》

이 소설의 제목인 'Como agua para chocolate'의 정확한 해석은 '초콜릿을 끓이는 물처럼'이다. 폭발하기 직전의 끓는점에 도달한 감정이나 상태를 의미하는 관용구이다. 소설에서는 주인공들의 금기된 욕구가 끊임없이 솟구쳐 나온다. 엄마와 티타는 늘 대립한다. 둘 사이의 팽팽한 긴장감도 곧 터져버릴 것만 같다. 그렇게 이야기가 흘러가다가 종국에는 엄마가 돌아가신다. 이때 티타는 엄마의 숨겨진 비밀을 알게 된다. 엄마와 다른 남자 사이에서 나온 아이가 티타의 둘째 언니이고, 엄마가 이루지 못한 진정한 사랑은 바로 그 남자였다는 사실을 말이다.

달콤함의 대명사인 초콜릿은 원래 '쓴 물'을 의미했다. 나와틀어 쇼콜라틀xocolātl은 '쓰디쓴xococ'이란 단어와 '물ātl'이 결합

● 쇼콜라틀(카카오로 만든 초콜릿 음료)

된 단어로 카카오콩을 갈아 으깨어 만든 걸쭉한 음료의 형태였다. 우리는 대개 초콜릿이 달콤하다고 생각한다. 하지만 그렇지 않다. 초콜릿은 본래 쓰다. 달콤 쌉싸름한 맛의 초콜릿은 행복과 시련의 연속이었던 주인공 티타의 삶을 보여준다. 동시에 티타 엄마의 삶이기도 하다. 그리고 혁명기에 본인의 감정을 통제하고 절제하며 묵묵히 가정을 지킨 멕시코 여성의 삶이기도 하다.

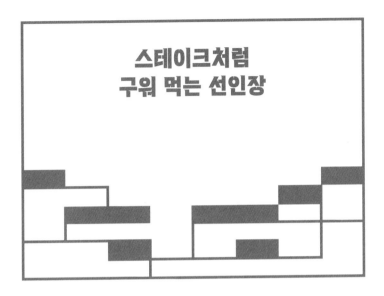

스테이크처럼 구워 먹는 선인장

선인장의 과일과 잎을 먹는 멕시코인

국기 문양 중 독수리와 뱀이 신화적인 의미를 담고 있다면, 선인장에는 멕시코의 문화적인 요소가 녹아 있다.

멕시코는 선인장의 고장이다. 500종이 넘는 선인장이 있어 어느 지역을 가더라도 선인장을 쉽게 만날 수 있다. 그들에게 선인장은 삶의 일부이다. 멕시코의 소주라 할 수 있는 데킬라 *Tequila* 는 선인장의 일종인 용설란으로 만든다.

우리가 알고 있는 손바닥 선인장을 멕시코에서는 '노팔 *nopal*'이라 부른다. 노팔은 크게는 5m까지 자라며 여기서 나는 과일을 '투나*tuna*'라고 한다. 멕시코 시장에 가서 혹시나 참

● 과일 투나가 열리는 노팔 선인장

치를 먹고 싶어 '투나'를 달라고 하면 선인장 과일을 건네받는 황당한 경험을 하게 될 것이다. 참고로 스페인어로 참치는 '아툰*atún*'이다.

투나를 우리는 '백년초'라고 부르는데 먹으면 백 가지 병을 고칠 수 있고 백 년 동안 살 수 있을 정도로 건강에 좋기 때문이다. 한 마디로 투나는 효능이 많은 만병통치약 같은 과일이다. 몸의 혈액 순환을 원활하게 해주고 체내 독소를 제거해준다. 하지만 한꺼번에 너무 많이 먹으면 변비에 걸릴 수도 있다.

멕시코 마트나 시장에서는 가시를 제거한 손바닥 모양의 선인장을 파는 모습을 어렵지 않게 볼 수 있다. 노팔 선인장의 넓적한 잎을 통째로 구워먹기 때문이다. 마치 스테이크용 고기를 굽듯 말이다. 다른 요리에 곁들여 먹거나 멕시칸 샐러드 재료로도 많이 쓰인다. 토마토, 실란트로 등 다른 야채와 섞은 뒤 치즈를 올리고 기호에 따라 소금과 레몬을 넣어 새콤하게 먹는다. 노팔 선인장의 잎은 포만감을 주고 소화를 도와주어 고기류와 곁들여 먹기에 좋다. 또한 성인병을 예방해주고 스트레스까지 줄여 준다니 엄청난 먹거리임에는 확실하다. 선인장을 먹기 때문에 멕시코인들의 비만이 그나마 현재 수준에서 유지된다는 말이 있을 정도이다.

멕시칸 드림을 꿈꿨던 한인 이민자, 애니깽

멕시코 선인장에는 20세기 초 우리 민족의 아픈 역사가 녹아있다. 1898년 미국-스페인 전쟁에서 스페인에 승리를 거둔 미국은 급격히 팽창해갔다. 당시 미국은 필리핀에 대한 지배권을 원했고 일본은 대한제국을 식민 통치하려는 야욕을 품고 있었다. 이에 1905년 7월 29일 미국 육군장관인 윌리엄 하워드 태프트*William Howard Taft*와 일본 제국 내각총리대신인 가쓰라 다로가 밀약을 맺었다. 몇 달이 지난 11월에는 일본이 한국의 외교권을 박탈한다는 을사조약이 체결되었다. 사회 각계각층에서 이를 반대하고 국권을 회복하기 위해 일어났다. 이런 일련의 사건으로 1905년은 사회적 대혼란기였다.

같은 해 4월 1,000명 가까이 되는 조선인들이 지상 낙원을 꿈꾸며 지구 반대편 멕시코로 향하는 배에 올랐다. 수십일 간의 고된 항해를 이겨내고 도착한 곳은 바로 멕시코 남부의 살리나 크루스*Salina Cruz* 항구. 다음으로 이동한 곳은 유카탄 반도의 주도인 메리다*Mérida*라는 도시였다. 현재 세계 최고의 지상 낙원으로 불리는 칸쿤*Cancún*과 많이 멀지 않은 곳이다. 이들의 멕시코 선인장 농장에서의 생활은 기대했던 것과 상당히 달랐다. 40도가 넘어가는 살인적인 더위와 고된 노동이 이어졌다. 이들을 우리는 '애니깽*Henequen*'이라고 부른다.

'Henequen'은 스페인어로 '에네켄'이라고 읽는데(스페인어에서 'H'는 소리나지 않는 묵음이다.) 용설란의 품종 중 하나이다. 에네켄에서 추출한 강한 섬유질은 노끈과 밧줄을 비롯해 많은 생활용품을 만드는 데 사용된다. 20세기 초에는 대형 선박의 수요가 급증했고 굵고 질긴 선박용 로프를 만들기 위해 더 많은 에네켄이 필요했다. 초호화 유람선인 타이타닉을 진수한 시기도 20세기 초인 1911년이다. 이를 만들기 위해 이어지던 애니깽의 노동은 1920년대 선인장 농장이 문을 닫을 때까지 이어졌다. 그들은 그 와중에도 메리다 지역에 대한민국 후원 조직을 설립하고 고국에 독립 자금을 송금하기도 했다.

이후 선인장 농장을 벗어난 한인들은 멕시코 전역으로 흩어졌다. 1905년 멕시코로 온 이민자들은 자연스럽게 멕시코 현지인과 혼인하여 멕시코 사회에 스며들었고 혼혈 2세들은 금

● 애니깽(20세기 초, 멕시코로 떠난 한인 이주민)

● 용설란 품종 중 하나인 에네켄

● 리스베스 감보아 송(왼편 인물)

세 멕시코 사회에 동화되었다. 현재는 4만여 명의 애니깽 후손이 멕시코에 살고 있다. 120년 가까이 흐른 지금은 한국말을 구사하거나 한국 전통을 이어오는 사람은 많지 않다.

하지만 많은 후손이 멕시코 주류 사회에서 활동 중이다. 한국 특유의 근면성으로 의원, 변호사, 교수, 사업가 등 전문 분야에 진출했다. 멕시코 의회에서 하원의원을 지낸 리스베스 감보아 송*Lizbeth Gamboa Song*이 대표적이다. 1세대 멕시코 한인들이 이를 악물고 버텼던 유카탄 반도에서 이룬 일이라 더욱 값진 업적이다.

왜 멕시코에서 노예가 아닌 한국인을?

문득 이해하기 어렵다. 왜 멕시코는 지리적으로 가까운 아프리카 노예가 아니라 이역만리 한국인들을 노동자로 데려왔을까? 여기에는 19세기 세계 정세에 대한 이해가 필요하다.

시작은 영국이었다. 영국은 1833년 「노예해방법령*The Emancipation Act*」을 통과시키며 노예제도를 폐지했다. 겉으로는 이성적인 인류 국가로 포장했지만 실상은 달랐다. 18세기 말 제임스 와트의 증기기관으로 산업혁명이 촉발되어 도시화가 진행되고 사람들이 도시로 몰려들자 영국인들은 노예들이 자신들의 일자리를 가로채고 있다고 믿었다. 그들은 항의했고 이에 정부는 어쩔 수 없이 값싼 노예 노동을 중단할 수밖에 없었던 것이다.

1865년에는 미국이 남북전쟁을 거쳐 노예제도를 폐지했다. 그러자 당장 노예를 대체할 노동력이 필요했다. 마침 영국은 인도, 말레이시아, 싱가포르 등을 소유하고 있었고 두 차례의 아편전쟁으로 청나라를 종이호랑이로 만들었다. 영국은 세계의 요충지를 거점화하기 위해 당시 전 세계 인구의 절반을 차지했던 인도인, 중국인을 노동자로 모집했다. 이들은 힌디어로 머슴을 뜻하는 '쿨리*coolie*'라고 불렸다. 이렇게 아시아인들이 아프리카 노예들의 빈자리를 채웠고 한국인의 멕시코 이민으로까지 자연스레 이어진 것이다.

멕시코의 축제와 결혼식, 그리고 칵테일

멕시코인들은 스스로를 '파창게로*pachanguero*(축제를 좋아하는 사람)'라고 부를 만큼 음악을 크게 틀어놓고 쾌활한 리듬의 춤을 즐긴다. 특히 연말과 새해에는 매일같이 파티가 이어지고 데낄라와 맥주를 마신다. 한 해의 마지막에는 열두 번의 종소리에 맞춰 건강과 행운을 기원하며 열두 개의 포도알을 먹기도 한다. 연말과 새해뿐이 아니다. 평소 때도 이런저런 이유로 끊임없이 파티가 이어진다. 친구의 파티뿐 아니라 형 친구의 파티, 동생 친구의 파티에도 참여한다. 할머니의 팔순 잔치에 주인공인 할머니가 거동이 불편해도 왁자지껄한 파티는 계속된다. 이런 경우 할머니는 휠체어에 앉아 자녀와 손주들이 파티를 즐기는 모습을 흐뭇하게 바라본다. 멕시코인들은 놀기 위해서 일한다는 말이 있을 정도로 파티를 즐긴다.

　나도 하루가 멀다 하고 이런저런 파티에 다녔다. 멕시코는 가족 중심의 문화라서 자연스럽게 파티에 참여할 기회가 많다. 한 예로 멕시코시티에 사는 안드레아라는 친구 집에서 한 달 정도 시간을 보낸 후 다음 행선지로 과달라하라에 간다고 하니 그곳에 사는 자기 고모네부터 사촌들 연락처까지 모조리 알려 주고 만날 수 있도록 연결해주었다. 스페인어로 사촌은 '프리모*primo*'나 '프리마*prima*'라고 부른다. '첫 번째의', '가장 중요한'이라는 뜻에서 온 말이다. 그 의미만큼이나 멕시코에서 사촌 간은 매우 가깝게 지내는 경우가 많다. 이렇게 알게 된 로시오, 소피아와는 어색할 새도 없이 금방 친해졌다. 머지않아 둘의 외할머니의 생신에 초대받았고 거기서 또 새로운 외사촌들을 알게 되었다. 가족 행사가 끝없이 이어졌고 덕분에 나의 멕시코 생활은 심심할 틈이 없었다. 술과 맛있는 멕시코 요리와 함께 나의 체중도 삽시간에 불어났다.

멕시코의 축제 문화

　멕시코에는 도시마다 특색있는 축제와 공연들로 가득하다. 다양한 인종과 토속 문화가 섞여 있어 축제 종류만 수백 개에 달할 정도이다. 멕시코 여행자라면 지역을 이동할 때마다 새롭게 바뀌는 축제에 현기증을 느낄지도 모르겠다. 멕시코인들은 축제를 사랑한다. 씽코 데 마요, 망자의 날과 같은 주요 기념일에는 축제를 열어 도시와 마을 사람들이 한데 모인다. 함께 음식을 만들어 먹고, 전통의상을 입고, 흥에 겨워 노래하고, 춤을 추며 모두 하나가 된다. 형형색색의 거리 퍼레이드가 열리기도 한다.

조금 더 규모가 작은 가족 단위의 축제로는 결혼식이 있다. 가족중심적이고 사교적인 멕시코인들에게 결혼식은 인생의 가장 중요한 순간 중 하나이다. 그들은 먼저 성당에서 카톨릭식 미사와 함께 혼례를 치른다. 대개 점심시간 대에 결혼식을 진행하는 한국과 달리 멕시코에서는 저녁 7~8시 즈음이 예식시간이다. 결혼식에 남성은 깔끔한 턱시도를, 여성은 단아한 드레스를 입는다. 청첩장은 1~2달 전에 주변 사람들에게 건네주는데 드레스 코드가 적혀있다. 사전에 드레스 대여점에서 몸에 맞게 수선해 빌려 입고 올 수 있도록 시간을 주는 것이다.

피로연장으로 이동하면 결혼을 축하하는 가족들의 축가가 이어진다. 이어 경쾌한 라틴 음악과 함께 댄스 파티가 시작된다. 댄스 파티는 커플끼리만 추는 게 아니다. 할아버지와 손녀, 사촌지간에도 짝만 맞으면 신나게 춤을 춘다. 그리고 상큼한 칵테일, 디저트와 함께 새벽까지 축하 파티가 이어진다. 온 가족이 함께 칵테일을 기울이며 축하의 담소를 나눈다.

● 멕시코 결혼식 피로연장의 축하파티

● 멕시코 성당 결혼식과 마리아치 악단

축제와 결혼식에 빠지지 않는 것 중 하나가 술이다. 멕시코
인들은 술을 친교의 수단으로 여긴다. 서로를 가깝게 만들고
삶을 한층 더 풍요롭게 만든다고 믿는다. 술을 마시는 방법에
서도 순간순간을 즐기는 멕시코 특유의 여유 가득한 문화를 엿
볼 수 있다. 멕시코를 대표하는 술인 데킬라를 마실 때는 손 위
에 소금을 뿌려두고, 미리 라임 슬라이스를 준비해 놓는다. 그
리고는 데킬라 한 잔을 들이켠 후 소금을 먹고 라임 조각을 빨
아 먹는다. 짠맛과 신맛을 함께 가미하는 것이다.

술을 마시는 방법만 독특한 것이 아니다. 각양각색의 인종
과 문화가 혼합된 사회상을 담아낸 다양한 종류의 칵테일이 있
다. 예상치 못한 재료를 섞어 만들기도 한다.

미첼라다*Michelada* 가 그러하다. '나의 차가운 맥주'라는 뜻의

맥주 칵테일이다. 제조 방법
이 아주 독특하다. 먼저 핫
소스라고 부르는 타바스코
tabasco 소스를 맥주에 넣는
다. 한두 방울이 아니라 핫
도그에 뿌리는 케첩만큼 듬
뿍 넣는다. 그런 다음 토마
토 주스를 넣고 망고, 파파

● 미첼라다

야, 오이 등을 길쭉하게 썰어 넣어 타바스코향 과일 칵테일을
만들어 버린다.

여기에 입을 대고 마시는 컵의 테두리에 소금과 고춧가루를
핫도그에 바르는 설탕만큼 듬뿍 바른다. 마지막으로 라임 즙
을 뿌리면 매콤하고 달콤한데다 청량감을 주면서도 신맛이 나
는 독특한 맛의 맥주 칵테일이 완성된다. 매콤한 토마토 수프
에 맥주를 섞은 맛에 가까워 단기간에 적응하기는 힘들지만 몇
번 반복해 마시다 보면 묘하게 빠져든다.

미첼라다는 멕시코인 대다수가 즐겨 마시는 칵테일로 데낄
라 정도를 제외하면 멕시코인들이 가장 좋아하는 대표 술이라
해도 과언이 아니다.

강한 도수의 데낄라를 베이스로 만드는 칵테일도 여러 종류
이다. 가장 잘 알려진 칵테일은 전 세계적으로 높은 인기를 구
가하는 마르가리타 *Margarita* 이다.

마르가리타에는 흥미로
운 유래가 전해지는데, 이
야기는 미국의 금주법 시대
로 거슬러 올라간다. 미국에
서는 1920년에서 1933년까
지 무려 14년 동안 술을 생
산하거나 판매하는 것을 금
지했다. 제조, 판매, 수출입

● 마르가리타

을 전면적으로 금지하고 술을 판매하던 사업장까지 폐업시켰다. 술이 하층노동 계급의 빈곤과 태만, 폭력이 발생하는 근원이라 여겼기 때문이다. 단순히 엄포만 놓은 것이 아니다. 미국은 수정 헌법 제18조를 비준해 「볼스테드 액트*Volstead Act*」라는 법령을 만들어 불법적인 술 제조를 단속하고 벌을 줄 수 있도록 했다.

하지만 지나친 강압과 통제는 반작용을 불러일으키는 법이다. 금주법 기간 동안 미국 내에는 불법주류 판매업소인 스피크이지*Speakeasy*바가 폭증했고* 뉴욕에만 10만 개 가깝게 운영되었다. 비밀 술집인 만큼 간판이 없고 입구는 숨겨져 있었다.

술을 몰래 마실 수 있는 또 다른 방법도 있었다. 술을 마시기 위해 멕시코로 내려오는 것이다. 원래 20세기 초 미국에는 브랜디를 베이스로 만든 브랜디 데이지*Brandy Daisy*라는 칵테일이 인기가 높았다. 그런데 금주법이 시행되자 미국에서 브랜디를 찾기 힘들어졌고 자연스레 멕시코의 데킬라가 그 자리를 대체하게 되었다. 마르가리타는 데이지를 스페인어로 쓴 것이다. 1936년부터 광고에 데낄라 데이지*Tequila Daisy*라는 음료가 소개되었다는 사실이 이 가설을 뒷받침한다.

• 행여 장소가 발각당하지 않게 소란스러운 손님들에 '조용히 말해!(Speak easy!)'라고 주의를 준데서 유래했다.

멕시코 칵테일 종류

구분	종류
Paloma (팔로마)	데낄라+자몽+라임+시럽
Classic Margarita (클래식 마르가리따)	데낄라+쿠앵트로* +라임쥬스
Cantarito (칸타리토)	데낄라+오렌지/레몬/라임 쥬스
Mexican Mule (멕시칸 뮬)*	데낄라+라임쥬스+진저 비어
Mexican Martini (멕시칸 마티니)	데낄라+쿠앵트로+라임+드라이 베르무트*
Kahlua Milk (깔루아 밀크)	깔루아* +우유
Chelada (첼라다)	라거 맥주+라임쥬스+소금
Coronarita (코로나리따)	코로나 맥주+데낄라+라임쥬스

- 쿠앵트로 : 프랑스의 오렌지 베이스의 리큐어
- 멕시칸 뮬 : Moscow mule(모스코 뮬)에서 유래. '멕시코 노새'를 뜻함
- 드라이 베르무트 : 이탈리아산 주정강화 와인(포도주+브랜디)
- 깔루아 : 베라크루스 지역에서 생산되는 커피 리큐어

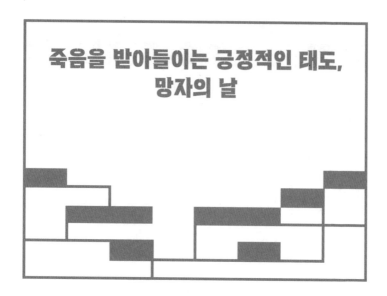

죽음을 받아들이는 긍정적인 태도, 망자의 날

디즈니가 제작한 영화 〈코코Coco〉는 멕시코의 모든 문화적인 요소를 망라하고 있다. 멕시코인이나 멕시코를 좋아하는 사람이라면 영화 제작자에게 감사 인사를 드리고 싶을 정도이다.

이 영화는 생일파티에서 볼 수 있는 피냐따 인형, 멕시코식 레슬링인 루차 리브레 가면, 알레브리헤 공예, 거리에 걸린 종이 깃발장식인 파펠 피카도에 이르기까지 멕시코의 자랑거리가 한아름 나온다. 죽은 이를 기리는 '망자의 날Día de los Muertos'을 주제로 하지만 무거운 분위기는 전혀 느낄 수 없다. 시종일관 밝고 행복한 분위기가 이어진다. 디즈니 영화라서 그런 것이 아니다. 멕시코인들은 밝은 표정과 태도로 먼저 곁을 떠난이들을 기린다. 그들의 밝은 사후 세계관은 죽음에 대한 거부감을 떨쳐내게 만든다.

메리골드로 화려하게 장식된 제단

망자의 날은 죽음을 바라보는 멕시코인 특유의 시선을 보여준다. 그들은 죽음을 슬픔보다 긍정적인 시선으로 바라본다. 죽음이 삶의 과정에 포함되어 있다고 생각하고 죽음을 또 다른 여정을 시작하는 출발점으로 받아들인다. 이는 아스테카 제국 시절 죽음을 신성한 자연의 순리로 보던 전통에서 기인한다.

망자의 날은 10월 31일부터 11월 2일까지 사흘간이다. 특히 마지막 날에는 관공서나 학교는 쉬며 민간 회사나 은행 또한 대부분 단축 근무를 한다. 멕시코인들은 10월 말부터 망자들을 맞이하려는 준비로 분주하다. 망자의 날이 다가오면 우리나라 제사상과 같은 제단을 꾸민다. 이를 오프렌다*ofrenda*라고 하는데 신이나 성인들에게 드리는 봉납물을 뜻한다. 장례식을 치룰 때 사제들에게 주는 헌금을 의미하기도 한다. 우리나라 제사상과 다른 점은 멕시코 제단은 아주 화려하고 밝다는 것이다. 메리골드*marigold*●로 꾸민 제단은 빛깔도 곱지만 진정한 매력은 강한 향기이다.

● 메리골드는 국화과의 꽃인 천수국이나 금잔화이다.

● 메리골드로 꾸며진 오프렌다(망자의 날의 제단)

● 사탕으로 만든 슈가스컬

메리골드는 아스테카 제국 시절부터 죽은 자를 기리는 의례에 꽃 장식으로 사용해왔다. 여기에 더해 제단에 그들이 생전에 가장 좋아했던 음식을 놓아둔다. 멕시코인의 주식인 또르띠야와 풍성한 과일도 잔뜩 쌓아둔다. 멕시코인들은 메리골드의 향기와 음식 냄새가 섞인 자극적인 향기가 죽은 자의 영혼을 불러온다고 믿는다. 제단 한가운데에는 세상을 떠난 가족의 사진을 세워놓고 그 주변에는 사탕으로 만든 해골 모양의 슈가스컬을 비치해둔다.

화려한 해골 분장의 사람들로 가득한 멕시코 거리

망자의 날은 무거운 제식이 아닌 화려한 축제에 가깝다. 망자의 날이 되면 저승과 이승을 나누던 경계가 사라진다. 가족을 떠났던 망자들이 깨어나 가족들과 함께 음악을 즐기며 춤을 춘다. 와자지껄 떠들고 술을 마시며 한껏 축제를 즐긴다. 멕시코인들은 이승에서 기억하는 사람이 모두 없어지면 사후 세계에 있는 사람들이 소멸한다고 믿는다. 그래서 망자의 날에 에너지 넘치는 축제를 열어 떠난 이에게 우리가 항상 당신을 생각하고 기억한다는 것을 알려주는 것이다.

망자의 날의 상징은 해골과 전신 뼈다귀 형상이다. 멕시코의 일러스트레이터인 호세 과달루페 포사다José Guadalupe Posada

● 망자의 날 퍼레이드 모습

● 망자의 날의 대표 캐릭터, 카트리나

가 연재한 작품을 통해 상징으로 뿌리내렸다. 그의 그림을 보면 전통 의복과 챙이 큰 솜브레로를 쓴 해골 캐릭터들이 익살스러운 모습을 하고 있다. 그림 속 해골들은 함께 모여 악기를 연주하며 전통 춤을 추기도 한다. 그는 작품을 통해 대중을 응원하는 긍정적인 메시지를 담아내기도 했다. 이는 그가 큰 인기를 얻게 된 배경이다. 그의 그림에서 대표적인 캐릭터는 죽음의 여신을 상징하는 해골 여성 카트리나*Catrina*이다.

망자의 날에는 멕시코 여성들 모두가 카트리나가 된다. 얼굴 전체를 새하얗게 화장한 뒤 눈 주위를 검게 칠하고 입 양쪽으로 길게 검은 선을 그려 해골 모습으로 분장하는 것이다. 여기에 화려한 색상으로 꾸민 옷을 입는다. 노란색, 파란색, 하얀색, 검은색에 이르는 형형색색의 옷이다. 남성들도 해골 모습으로 분장해 모두 함께 거리로 나온다. 그러고는 낮과 밤을 가리지 않고 온 거리를 누빈다. 멕시코시티와 같은 큰 도시에서는 대규모 퍼레이드가 열린다. 거대한 해골 모형을 앞세워 재미를 배가하기도 한다.

멕시코의 기념일 종류

기념일	날짜	내용
동방박사의 날 *Día de los Reyes Magos*	1월 6일	멕시코 아이들이 크리스마스보다 더 중요하게 여기는 날*이다. 고리 모양의 빵인 로스카*rosca*를 즐겨 먹는다. ※ 지역에 따라 기념일 중요도의 편차는 존재한다.
베니토 후아레스 탄생일 *Natalicio de Benito Juárez*	3월 21일	역사상 최초의 원주민 출신 대통령(임기 1857~1872)이자 멕시코 근대화의 아버지로 불리는 '베니토 후아레스'를 추모하는 날이다.
씽코 데 마요 *Cinco de Mayo*	5월 5일	멕시코가 1862년 프랑스 제국을 물리친 것을 기념하며, 화려한 전통의상을 입고 흥겹게 춤추고 노래하는 대규모 축제가 열린다.
독립기념일 *Día de la Independencia de México*	9월 16일	스페인의 식민지화에 대항해 1821년 독립을 이룬 9월 16일을 기념하는 날이다. 멕시코 국기의 세 가지 색인 하얀색, 붉은색, 초록색이 들어간 칠레*chile en nogada*(고추요리)를 즐겨 먹는다.
망자의 날 *Día de los Muertos*	11월 2일	10월 31일부터 11월 2일까지 진행되는 행사로 망자의 영혼을 환대하려 메리골드를 뿌리고 해골로 분장하여 퍼레이드에 참여한다.
혁명기념일 *Día de la Revolución Mexicana*	11월 20일	30년 넘게 지속된 독재 정부에 대항해 민중이 힘을 모아 이룬 혁명을 기념하는 날이다. 쿠바, 니카라과와 함께 라틴아메리카 3대 혁명으로 손꼽힌다.

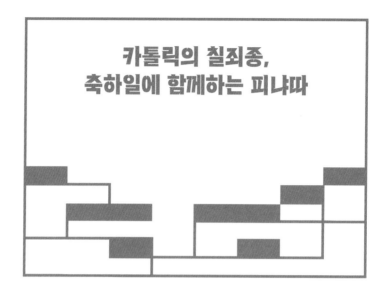

카톨릭의 칠죄종,
축하일에 함께하는 피냐따

　멕시코의 종교는 로마 카톨릭을 믿는 이들이 인구의 80%에 육박한다. 그외에 개신교와 그 밖의 종교를 믿는 이들이 10% 정도에 이르며 무교도 10% 정도이다. 대표적인 구교 국가였던 스페인은 새롭게 발견한 신대륙에 카톨릭을 확산시키고자 노력했다. 수많은 신대륙 탐험가들도 포교를 약속하며 스페인 왕실의 후원을 받았다. 상업적 실리에 무게 중심을 두었던 신교 국가인 네덜란드와는 다른 지점이다.

　이러한 배경으로 멕시코 대도시 어디를 가도 도시 중앙에 오래된 대성당을 볼 수 있다. 소도시에도 마을의 심장부에는 항상 성당이 위치해 있다. 멕시코의 카톨릭은 기존 원주민의 토착 종교와 융합되었다. 사람들은 예수의 희생으로 헌세의 테양이 계속 타오를 수 있다고 믿었다. 원주민들이 굳게 믿었던 인신공양 관습을 종교가 대체한 것이다. 하지만 카톨릭을 거부하고 원시종교를 숭상하는 원주민도 여전히 존재한다.

포사다, 그리고 축하의 피냐따

카톨릭 국가인 멕시코에서 크리스마스 시즌은 가장 큰 축제 기간이다. 예수의 탄생을 축하하는 크리스마스 파티를 '포사다*Posada*'라고 하는데, 포사다는 우리처럼 이브와 크리스마스 당일만이 아니라 12월 중순부터 연말까지 이어진다. 나라 전체가 신나는 축제 분위기로 가득하고 거리는 화려하게 장식된다. 사람들은 축제를 준비하고 가족과 친구들에게 줄 선물을 사느라 분주하다.

포사다 축제일에는 특별한 이벤트가 있다. 예수의 탄생 과정을 재현하는 일이다. 온 마을 사람들이 마을에서 사전에 지정해놓은 집을 향해 걷는다. 집에 도착하면 대문 앞에 모여 함께 포사다 노래를 부른다. 추운 크리스마스 시즌에 집 없이 떠돌던 이들이 집에 들여 보내달라고 하는 내용이다. 임신한 마리아가 출산을 위해 머물 자리를 부탁하는 것이다. 포사다 노래가 끝나면 대문이 열린다. 만삭의 마리아가 출산할 준비가 완료되는 것이다.

포사다의 주요 이벤트 중 하나는 피냐따*piñata*이다. 들어오는 것을 허락해준 집의 마당에 사람들이 둥그렇게 모여선다. 중앙에는 피냐따가 걸려 있다. 피냐따는 종이나 천으로 만든 멕시코 전통 인형으로 그 안에 사탕이나 초콜릿을 가득 채워둔다. 사람들은 한 명씩 순서대로 눈을 가린 채 기다란 막대기로 피냐따를 때린다. 그러다 보면 인형이 터지면서 안에 있던 사탕이나 초콜릿이 바닥에 우르르 떨어지고 모두가 순식간에 몰려들어 떨어진 것들을 분주하게 줍는다. 아이들은 이를 통해 어려운 종교의식을 쉽게 이해하게 된다.

포사다 외에 생일에도 피냐따는 단골 이벤트이다. 아이들 생일에는 피냐따 안에 작은 장난감을 넣어두고 생일의 주인공이 기다란 막대기를 내려쳐 인형을 터트린다. 피냐타는 멕시코에서 시작되었지만 미국 내 히스패닉 이민자 인구가 늘어나자 미국에서도 흔한 풍경으로 자리잡았다.

피냐따의 유래와 카톨릭의 칠죄종

그러면 피냐따는 언제 어디에서 시작되었을까? 이탈리아어로 피냐타는 일종의 냄비를 뜻하는데, 주인이 하인에게 고마움을 표하며 냄비에 과일을 담아 선물하던 데서 유래했다는 설이 있다. 13세기 유럽인 눈에 비친 이방인의 세계를 상세히 묘

● 눈 가리고 피냐따 때리기

● 카톨릭의 칠죄종을 상징하는 칠각 피냐따

사한《동방견문록》을 저술한 마르코 폴로가 중국에서 가져왔다는 설도 있다. 원래는 보석 장신구나 잡다한 물건들로 인형을 채웠다고 한다.

흥미롭게도 과거 아스테카족에도 유사한 전통이 있었다. 태양의 신이자 전쟁의 신인 우이칠로포치틀리의 생일을 기념하고자 신전 안의 기둥에 울긋불긋한 깃털로 장식한 점토 항아리를 매달아 보물을 채웠고, 항아리를 깨서 쏟아져 나온 것들을 신에게 바쳤다는 것이다.

피냐따는 카톨릭과 관련이 있다. 카톨릭에서 피냐따를 깨는 행위는 사순절의 첫 일요일에 진행하는 게 일반적이었다. 그 모양 또한 카톨릭과 연관되어 있다. 피냐따의 대표적인 디자인 중 하나가 일곱 개의 돌기를 가진 입체적 별 모양인데, 이를 카톨릭에서는 근원적인 일곱 가지 죄악인 칠죄종이라고 한다. 교만, 인색, 질투, 분노, 색욕, 탐욕, 나태가 이에 포함된다.

이 개념은 6세기의 교황이었던 그레고리오 1세*Papa Gregorio I*가 만든 것으로 인간이 범하는 죄를 일곱 가지로 요약한 것이다. 카톨릭에서 사순절에 칠죄종 모양의 피냐따를 때리고 깨뜨리면서 일곱 가지 죄를 씻어내는 의식을 가졌던 데서 유래했다.

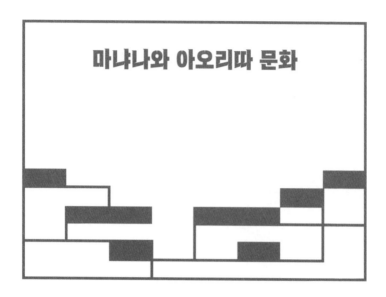

마냐나와 아오리따 문화

"미국 LA에서 멕시코까지 오는데 비행기로 3시간 반 밖에 걸리지 않았죠. 그런데 멕시코 공항에서 호텔까지 가는데 이틀이 걸렸어요."

미국의 유명 TV쇼 진행자인 코난 오브라이언*Conan O'Brien*이 멕시코 현지 무대에서 한 농담이다. 멕시코인들이 행동이 굼뜨고 여유가 넘친다는 말을 위트있게 표현한 말이다.

유머가 넘치는 멕시코인들은 이 정도 농담에는 화를 내지 않는다. 현장에서는 오히려 폭소가 터져 나왔다. 멕시코 관객들은 배를 부여잡고 웃었다. 미국인인 코난 오브라이언이 그들의 언어인 스페인어를 열심히 공부해 농담을 했기 때문에 그에게 더욱 애정 어린 시선을 보냈다.

느긋하고 여유로운 마냐나 문화

대부분의 비즈니스 영역에서 세계화가 가속화되고 글로벌 스탠다드가 자리잡아왔다. 하지만 각 나라에 존재하는 특수한 문화는 여전히 존재한다. 멕시코의 경우 마냐나*mañana* 문화가 저변에 자리한다. 마냐나는 두 가지 의미로 쓰인다. '내일'과 '아침'이라는 의미이다. 대개는 친구와 헤어질 때 '내일 또 보자'는 의미로 "아스타 마냐나*Hasta mañana*"라고 쓴다. 단어 의미로는 문제될 것이 없다. 그런데 업무에서 마냐나는 의미가 다르다. 비즈니스 상대에게 마냐나라는 말을 들었다면 그 다음 날 회신이 오는 경우는 드물 것이다. 이때의 마냐나는 자료를 준비해서 머지 않아 보내주겠다는 표현에 가깝다. 행여 "왜 내일 보내주신다고 하고서는 약속을 지키지 않습니까?"라고 묻는다면 상대의 마음이 상할지도 모르겠다. 그게 아니라면 또 한 번 능청맞게 '마냐나'라는 답변을 듣게 될 것이다. 물론 이 말을 또 철썩같이 믿었다가는 이번에는 내 마음이 상할지도 모르니 마음의 여유를 갖자.

'마냐나'보다 조금 더 인내를 요구하는 단어는 '루에고*luego*'이다. 일상에서 몇 달에 한 번씩 만나는 친구와 헤어질 때는 '아스타 루에고*Hasta luego*'라고 하는 게 일반적이다. 언제일지 모르는 기약없음이 내포되어있다. 멕시코인이 '루에고'라고 답했다면 '머지 않아 자료를 주겠다'는 의미이고 이는 최소 1주일의 시간이라고 이해하는 게 마음 편하다.

굼뜨고 느린 멕시코인이 하염없이 답답하게만 느껴지고 어떻게 이런 일이 가능한지 이해하기 어려울 수도 있다. 이는 남부 유럽인의 선천적인 성향도 있겠지만 환경적인 요인도 있다. 멕시코시티와 같은 대도시는 인구에 비해 교통 인프라가 열악하다. 도로는 심각한 교통 체증으로 항상 고통을 겪는다. 앞서 언급한 코난 오브라이언의 농담에도 이러한 맥락이 담겨있다. 이러한 환경 탓에 그들의 약속시간은 언제나 유동적이고 모임이나 회의에 늦는 것도 용인하는 편이다. 멕시코 문화는 시간에 관대한 문화이다.

마냐나(내일)보다 더 느린 아오리따(지금 당장)

스페인어로 시간은 '오라*hora*'이고, 단어 앞에 'a'가 붙어서 '아오라*ahora*'가 되면 '지금'의 의미가 된다. 단어의 끝에 축소사인 'ita'가 붙으면 '아오리따*ahorita*'가 되며 단어 그대로 해석하면 '바로 지금'이라는 의미이다. 그런데 신기하게도 실제 현실에서는 그 쓰임이 완전히 다르다. 멕시코인과 생활하려면 '아오리따*ahorita*'라는 어휘를 잘 이해해야만 한다.

한 번은 멕시코 친구 집에서 느지막하게 일어나 주방으로 갔는데 친구 어머니가 계셨다. 다음의 대화를 잠시 살펴보자.

어머니: ¿Hambre? ¿Quieres comer algo?

암브레?끼에레스 꼬메르 알고?(배고프니?뭐 좀 먹을래?)

나: Si, mucha hambre. Quiero quesadilla.

씨, 무차 암브레. 끼에로 께사디야.

(네. 엄청 배고파요. 께사디야가 먹고 싶어요.)

어머니: Ándale pues. Ahorita vengo.

안달레 뿌에스. 아오리따 벵고.

(알겠어. 잠시만 기다려. 금방 올게.)

위 대화에서 가장 중요한 단어는 '아오리따'이다. 나는 친구 어머니의 말을 듣고 당연히 금방 돌아오실 거라 생각해 주방에 앉아 기다렸다. 그런데 이게 웬일? 1시간이 흐르고 한참이 더 지나고 나서야 어머니가 돌아오셨다. 그러고는 그제야 요리를 시작하셨다. 당황스러웠다. 분명 '아오리따(지금 당장)'라고 했는데 어찌된 영문이란 말인가?

나중에야 '아오리따'가 멕시코 특유의 시간 개념임을 알게 되었다. 과거 약속 시간에 늦는 한국인의 특성을 일컫는 '코리안 타임'에 비교할 수 있다. 멕시코 친구가 약속시간이 되어도 장소에 나타나지 않아 전화를 건다면 대부분 '아오리따'라고 답할 것이다. 단어의 의미는 '지금 당장'이지만 정말 2~3분 내에 도착하는 경우는 드물 것이다. 마음의 여유를 가지고 친구를 기다리는 게 좋다.

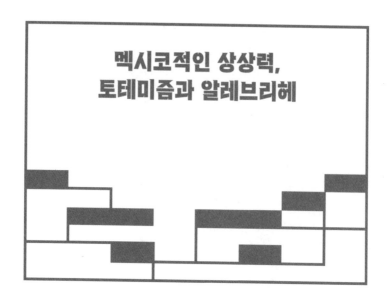

멕시코적인 상상력, 토테미즘과 알레브리헤

우남대학 중앙도서관에 가득한 동물들

멕시코의 탄생 설화인 다섯 개의 태양 중 첫 번째 태양은 '재규어'의 시대이다. 신화 속 재규어는 저승과 죽음, 그리고 파괴와 관련된 영험한 존재로 여겨진다. 네 번째 태양의 시대에 등장한 부부는 '물고기'를 먹다 발생시킨 연기로 신을 노하게 했다. 이뿐 아니다. 멕시코 국기에는 '독수리'와 '뱀'이 등장한다. 멕시코 인디오의 종교는 태양을 비롯해 특정 동물을 숭상하는 토테미즘적인 요소가 존재한다.

과거 멕시코 원주민 전사들은 특정 동물과 식물을 집단의 상징이나 징표로 삼았다. 원주민들의 복장은 기괴했고 화려했다. 다른 부족과의 전투에 임할 때는 동물 형상의 모자를 쓰기도 했다. 날개를 펼친 커다란 새의 모형을 등에 매달아 마치 동물의 수호를 받는 것 같은 느낌을 주는 복장도 있었다.

이러한 토테미즘적인 요소를 한 눈에 볼 수 있는 곳이 멕시코의 국립대학교인 우남대학의 중앙도서관*Biblioteca Central* 이다. 이 건물의 벽화 디자인은 건축가 후안 오고먼*Juan O'Gorman* 이 했다. 벽화는 멕시코 전역에서 구한 다양한 색의 돌을 활용

● 멕시코 우남대학 중앙도서관의 벽화

하여 모자이크 방식으로 만들었는데, 건물의 네 면이 각각 다른 시기의 멕시코 역사를 담고 있다. 북쪽 방향 벽면은 선사시대에서 스페인의 침략 전까지의 시대이다. 독수리, 재규어, 뱀은 물론이고 토끼, 물고기, 심지어 문어를 닮은 생명체의 모습도 그려져 있다. 그림 가운데를 보면 멕시코의 토종견인 숄로*Xolo*를 닮은 그림도 있다. 숄로는 현대까지 이어져오는 토테미즘의 대표 예시이다. 아스테카의 불과 죽음의 신인 숄로틀*Xolotl*이 인류에게 선물로 준 동물로 알려져 있다. 숄로는 고대부터 사람들이 신성시 다루었다. 주인이 죽으면 저승길을 안내하는 동물로도 알려져 있다. 동물에 '영혼의 안내자'라는 특성을 부여한 것이다.

상상 속 동물을 구현한 알레브리헤

멕시코에는 다양한 상상의 동물이 존재한다. 우리나라의 상상의 동물인 해태나 서양의 유니콘처럼 말이다.

멕시코를 대표하는 전통 공예는 알레브리헤*Alebrije*이다. 한지공예와 유사해 보이는 이 공예는 페드로 리나레스*Pedro Linares*라는 예술가가 창시했다. 1930년대의 어느 날, 리나레스가 심하게 병을 앓던 중 잠이 들었는데 무의식 상태에서 아주 독특한 꿈을 꾸게 되었다. 구름, 바위, 동물, 나무 등이 갑자기 매우 특이한 형상을 한 동물들로 바뀌기 시작한 것이다. 그는 꿈에서 사자의 몸에 독수리 머리가 달린 생명체, 소의 뿔을 가진 닭, 나비의 날개를 달고 있는 당나귀까지 보았는데 이 괴수들이 하나같이 '알레브리헤*!alebrije!'*라고 외쳤고 여기에서 이름이 유래했다.

그는 종이 판지에 아교와 석회 등을 섞은 혼응지●를 이용해 꿈에서 목격한 괴의한 형상들을 만들기 시작했다. 그가 종이로 된 재료를 많이 사용했던 배경 중 하나는 피냐따 공예를 해왔기 때문이다. 피냐타는 앞서 말했듯 생일이나 축제에서 사용하는 혼응지로 만든 종이 인형이다.

그러다 작품의 재료가 다양해지고 사람들에게 이를 더 알리는 계기가 생긴다. 1980년대에 영국의 영화 제작자인 주디스 브로노우스키*Judith Bronowski*가 미국에서 개최한 멕시코 예술 공예 순회 워크숍에 참여하게 된 것이다. 이 행사에는 리나레스뿐 아니라 수공예로 유명한 지역인 오아하카주의 직물 공예 장인이 많이 참여했다. 그들은 종이를 활용한 알리브리헤 공예를 새롭게 접하고는 혼응지에 국한하지 않고 나무 등 재료를 다양화했다. 이후에 알레브리헤는 더욱 다양한 디자인과 질감을 띄게 되었고 멕시코를 대표하는 문화 중 하나로 자리 잡게 되었다.

● 파피에 마세(papier-mâché)라고 부른다.

● 알레브리헤 공예품

● 퍼레이드의 대형 알레브리헤

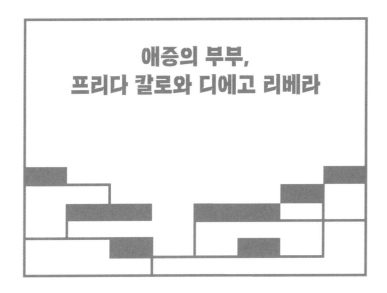

애증의 부부,
프리다 칼로와 디에고 리베라

멕시코 미술에는 마술적인 상상력이 있다. 아스테카, 마야와 같은 고대문명에 유럽의 초현실주의가 조화를 이룬다. 멕시코의 현대 미술은 끊임없이 전통과 소통한다. 현대 미술에서도 동시대의 시각을 반영함과 동시에 과거의 원시성을 느낄 수 있다.

멕시코 미술은 20세기 초 멕시코 혁명 이후 비약적으로 성장했다. 멕시코의 정체성을 확립하기 위한 국가 주도의 지원이 있었던 터라 대통령궁, 교육부 건물 등 정부기관에 멕시코의 역사가 담긴 벽화가 가득하다. 많은 예술가 중에서도 애증의 부부인 디에고 리베라와 프리다 칼로가 멕시코 미술의 중심에 있다.

절망에서 피어난 천재 화가, 프리다 칼로

멕시코를 대표하는 화가 프리다 칼로*Frida Kahlo*는 그 누구보다 힘겨운 삶을 살았다. 그리고 이를 극복하여 예술로 승화시켰다. 칼로의 삶은 절망과 고통이 가득한 사건으로 점철되어 있었다. 그는 여섯 살의 나이에 소아마비에 걸려 왼쪽 다리가 불구가 되었다. 18세의 나이에는 버스를 타다가 전차와 충돌하는 사고를 당해 몸을 거의 쓸 수 없는 지경이 이르렀다. 수십 차례의 수술을 받고나서도 한참 후에야 정상 생활이 가능할 정도였다. 이후 여러 차례의 유산까지 겪으며 상상하기 어려운 절망을 겪은 그의 몸은 만신창이었다. 그래서 칼로가 그린 초상화를 보면 본인을 상처 투성이인 짐승으로 많이 묘사한 것을 볼 수 있다.

모든 어려움과 좌절을 극복하고 멕시코를 대표하는 화가가 된 그녀는 말한다. 인간은 생각한 것보다 훨씬 더 많은 것을 견딜 수 있다고. 칼로는 충만한 예술가적 재능과 함께 멕시코인답게 유머감각도 뛰어났다. 그가 남긴 말 곳곳에는 특유의 유머가 빠지지 않는다.

"나는 나의 슬픔을 술에 익사시키려 했지만, 그 망할 것들이 수영하는 법을 배웠다."

한편 그는 순종적이면서도 독립적이었다. 리베라와의 혼인 후에는 집을 각각 지어 마치 큰 마천루의 중앙에 아슬아슬하게 연결되는 구름다리를 놓듯이 두 건물이 통하도록 연결했다.

그의 특징 중 하나는 이 구름다리 통로와 같이 서로 이어져 있는 일자 눈썹이다. 강인한 이미지와 더불어 특유의 분위기를 연출한다. 여기에 그는 화려한 멕시코의 전통색이 들어간 의상을 즐겨 입었다. 멕시코인의 정체성을 보여주듯 전시회를 열 때면 그는 꼭 자수와 주름장식이 있는 전통 치마와 블라우스에 다채로운 색의 숄을 걸쳤다.

칼로는 강한 여성 편력으로 골머리를 썩힌 남편 리베라를 사랑했다. 끊임없이 충돌했지만 예술 세계에 대한 서로의 존경은 둘을 강력하게 묶어 주었다. 오죽하면 그가 말한 세 가지 평생 소원이 그림을 계속 그리는 것, 혁명가가 되는 것, 그리고 리베라와 함께 사는 것이었을까. 그는 리베라와 함께 사회주의 활동에도 참여했다. 리베라의 작품에 투영되어 있는 저항정신의 영향을 받아 서구 문명에 맞선 멕시코의 전통을 그렸는데, 이를 멕시카니즘*Mexicanism* 화풍이라 한다. 멕시코 민족을 수호함과 동시에 멕시코의 전통을 녹여내는 그림이다.

그의 작품에는 숨은 의미를 내포하는 상징적인 이미지가 많이 등장한다. 본인의 초상화와 상징을 엮은 대표작은 〈상처받은 사슴〉이다. 이 작품은 얼굴은 프리다 칼로 자신인데 몸은 사슴의 형상을 하고 있다. 반인반수 괴물인 켄타우로스를 연상케 한다. 그녀의 사슴은 아홉 개의 화살을 맞고 고통스럽게 피를 흘리고 있다. 본인이 겪은 아픔을 비유적으로 표현한 것이다.

● 프리다칼로　　　　　　　　● 프리다 칼로와 디에고 리베라

그렇게 파란만장한 삶을 살았던 그는 폐렴으로 사경을 헤매다 47세에 사망했다. 죽음을 앞두고도 그는 삶에 대한 의지를 불태웠다. 죽기 8일 전에는 유작으로 수박이 가득한 그림을 완성했다. 잘 쪼개어진 수박의 선홍빛 속살에는 이렇게 적혀 있었다. "Viva la vida!(인생이여, 만세!)"

멕시코인의 얼을 그린 혁명의 화가, 디에고 리베라

프리다 칼로의 남편으로 더 잘 알려진 디에고 리베라*Diego Rivera*는 멕시코 출신의 세계적인 거장이다. 리베라는 칼로를 자신의 뮤즈라고 했지만, 사실은 칼로가 선배 예술가인 리베라로부터 받은 영향이 더 컸다. 사회 혁명에 대한 관심, 다양한 상징을 담은 화풍이 리베라를 통해 칼로의 작품에도 자연스레 스며

들었다. 리베라의 작품이 세계적으로 인정받는 이유는 정교한 스케치와 감각적인 색감 때문만은 아니다. 그의 그림에는 민중과 노동자에 대한 애정과 사회적 메시지가 담겨 있다. 이는 그의 혁명적 성향을 드러낸 것으로 스페인 유학의 영향이 컸다.

그가 스페인에 갔던 때는 1908년으로 당시의 스페인은 새로운 혁명이 태동하던 곳이었다. 1898년 미국-스페인 전쟁으로 미국에 패해 오랜 식민 강국으로서의 위상이 바닥에 떨어진 상황에서 지식인 그룹인 98세대가 등장했을 즈음이다. 98세대 지식인들은 신문과 잡지에 끊임없이 생각하는 바를 기고하고 강의를 통해 기존 정치제도와 사회를 비판했다. 카톨릭의 교조주의와 과두체제의 왕정도 비판했다. 스페인 사회는 상당한 진통을 겪었지만 사회 개혁을 위한 담론이 넘쳐났다. 스페인 전역에 엄습한 패배감을 씻어내고 재도약하기 위한 이 움직임은 리베라에게도 큰 영향을 미쳤다.

리베라는 1910년부터 전국 단위로 일어난 민중 운동인 멕시코 혁명에 주목했다. 그가 1915년에 그린 〈사파티스타 풍경-게릴라Zapatista Landscape-The Guerrilla〉라는 작품을 보면 라이플총, 어깨에 메는 탄띠, 챙이 큰 모자인 솜브레로, 어깨에 두르는 전통 담요 세라피까지 보인다. 혁명의 지도자인 에밀리아노 사파타Emiliano Zapata를 묘사한 것이다.

지금은 멕시코의 정부 청사로 사용되는 국립궁전Palacio Nacional에 그린 〈멕시코의 역사〉는 민중의 캔버스로 불린다.

● 디에고 리베라의 벽화 : 스페인 식민지 시대

● 디에고 리베라의 벽화 : 20세기초 멕시코 혁명

● 디에고 리베라의 벽화 : 19세기 중반 개혁시대(Reforma) 등

파노라마처럼 펼쳐진 그의 작품에는 아스테카 신화에서부터 식민지 시대, 혁명에 이르는 장대한 멕시코의 역사가 담겨 있다. 멕시코 혁명을 표현한 작품의 중앙에는 붉은 기에 'Tierra, Libertad(토지, 자유)'가 적혀 있다. 멕시코 혁명의 척결 대상이었던 독재자 포르피리오 디아스와 그에게 대응해 대통령 자리까지 올랐던 프란시스코 마데로가 그려져 있다. 리베라의 작품은 그 자체로 멕시코의 역사이며 혁명의 흔적이다.

　그는 혁명 이후의 민중의 삶에도 주목했다. 멕시코 혁명이 끝난 뒤 혁명 정부가 들어선 1921년 리베라는 멕시코로 돌아왔다. 그리고 곧 대중과 소통할 수 있는 기회가 찾아온다. 민중이 갈구했던 것은 몇몇 기득권에 집중되어 있던 토지의 재분배와 보다 더 평등한 세상이었다. 이에 보조를 맞추어 정부에서도 미술의 공공성을 높이고 국민이 공감할 수 있는 메시지를 예술 작품에 담고자 했는데, 그가 그 메신저 역할을 한 것이다.

마드리드, 파리 등에서 유학할 당시 피카소와 같은 예술가들과 교류하며 실제로 '남미의 피카소'라 불리던 그의 관심은 고단한 삶을 살아가는 노동자와 민중의 삶에 있었다. 멕시코는 물론이고 런던의 부두, 뉴욕의 항만에서도 노동자들의 애환을 목격하며 그들의 현실을 그림에 담아내고자 했다.

그가 멕시코시티 교육부 건물에 그린 벽화에서는 힘겹게 설탕을 휘젓고 있는 노동자들의 모습을 볼 수 있고, 대통령 궁의 벽화에서는 무거운 벽돌을 지고 계단을 오르는 일꾼과 열심히 납땜질하는 기술공의 모습도 볼 수 있다.

이렇듯 그는 보통 사람들에 주목해 누구나 바로 이해하고 공감할 수 있는 그림을 그렸다. 대중 속에 살아 숨 쉬는 진정한 의미의 공공미술을 구현한 것이다.

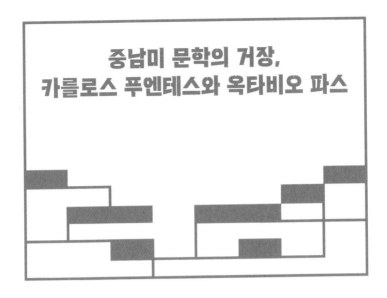

중남미 문학의 거장, 카를로스 푸엔테스와 옥타비오 파스

멕시코 문학은 고대 원시부족사회, 식민시대를 거쳐 현대로 이어지는 민족의 정체성을 담아내고 있다. 멕시코 혁명 이후 문화, 예술 전반에 국가 정체성을 확립하기 위한 국가 차원의 프로젝트가 진행되었는데, 문학도 국가 통합을 위해 육성이 필요한 주요 영역 중 하나였다.

멕시코는 약 300년 가까이 되는 식민지 시대를 거치면서 백인계부터 혼혈인 메스티소, 원주민 등 여러 계층으로 분화되었다. 상위 일부계층에 부가 집중되었고 향유하는 문화 또한 상이했다. 이들을 하나로 묶어줄 정체성이 필요했다. 이와 함께 문맹률의 개선도 시급했다. 혁명이 발생한 1910년 당시 멕시코인 중 글을 읽을 줄 아는 사람은 15%에 불과했다. 중앙 정부의 메시지를 전국 각지에 신속하게 전달하기 위해서라도 민중의 문맹률 향상은 중요했다. 이를 위해 멕시코 문학은 벽화 작업과 함께 빠르게 성장해나갔다.

멕시코의 현실과 상상 사이, 카를로스 푸엔테스

카를로스 푸엔테스Carlos Fuentes는 멕시코의 대표 작가 중 한 명이다. 그의 작품은 전 세계에 많은 언어로 번역되었다. 스페인어 문화권에서 가장 권위있는 상으로 꼽히는 세르반테스 문학상을 수상하기도 했다. 그의 작품은 중남미적인 색만 고집하지 않았다. 서구 문학의 형태에 중남미 사회가 직면한 현실과 특유의 감성을 반영했다.

그의 뛰어난 상상력과 풍부한 역사적 이해는 부모님의 영향이 컸다. 아버지는 외교관이었고 푸엔테스의 출생지 또한 멕시코가 아닌 중미와 남미를 잇는 파나마였다. 유년기부터 겪은 다양한 이국적인 경험과 외부와 내부에서 멕시코를 바라본 시선은 그의 상상력을 한층 더 고양시켰다.

그는 소설을 통해 멕시코의 현실을 다루었다. 먼저 1962년에 발간한《아르테미오 크루스의 최후La muerte de Artemio Cruz》는 멕시코 혁명의 허와 실을 신랄하게 보여준다. 소설의 주인공인 아르테미오는 혁명을 활용해 일평생 개인의 영달을 추구한 인물이다. 그는 몰락한 세도가의 사생아로 태어나 노예 생활을 하다가 멕시코 혁명을 이끈 인물 중 하나였던 베누스티아노 카란사*Venustiano Carranza* 장군의 휘하로 전쟁에 참여한다.

그러다 포로로 잡히는데 여기서 대지주 가문 출신의 곤살로 베르날*Gonzalo Bernal*을 만난다. 곤살로는 아르테미오를 동지라고 생각해 본인 가문의 재산에 대해 이야기한다. 그런데 아르테미오는 그를 배신하고 그의 집에서 재산을 훔쳐온다. 심지어 그의 누이와 혼인까지 맺는다. 이후에도 아르테미오는 집요하게 혁명의 상황을 역이용한다. 엄청난 토지를 소유했던 대지주의 세력이 약해진 틈을 타 이권을 취하고 미국과도 결탁해 끊임없이 본인의 이익을 취한다. 아르테미오는 죽음에 이르러서야 삶을 돌아보며 회한한다.

어렵게 승리한 멕시코 혁명의 과실이 민중에게 전달되지 않고 일부 사람에게 그 몫이 돌아가 버린 상황에 대한 한탄을 잘 담아낸 작품이다.

두 번째 작품은 1985년작인 《올드 그링고》이다. 멕시코 작가가 쓴 책 중 처음으로 미국 베스트셀러를 차지했다. 여주인공인 헤리엇 윈슬로*Harriet Winslow*의 회상으로 이야기가 전개되는데, 노쇠한 미국 작가 앰브로스 비어스*Ambrose Bierce*의 실

● 영화 〈올드 그링고〉

제 이야기를 담고 있다. 여기서 올드 그링고는 앰브로스 비어스를 일컫는다. 그는 20세기 초반에 멕시코 혁명에 참가한 것으로 알려져 있다.

그링고는 두 아들을 잃었고 딸과도 대화가 없다. 이에 마지막 장렬한 죽음을 생각하며 판초 비야가 이끌던 멕시코 혁명의 전장에 참여한다. 한편 그의 딸 윈슬로는 멕시코 상류층인 미란다 가족의 가정교사로 일하고 있었는데 멕시코 혁명이 터지면서 상황이 급변한다. 윈슬로가 일하는 미란다 가족이 척결 대상인 부유층이었던 것이다.

윈슬로는 어쩔 수 없이 혁명군과 함께 있게 되고, 혁명군 장군인 아로요와 앰브로스를 만난다. 윈슬로는 젊고 열정적인 아로요와 냉소적이지만 지혜로운 앰브로스 중 누구를 선택할지 고민하지만 아로요가 자기를 방해한 앰브로스를 총으로 쏴 죽이면서 모두 부질없어진다. 결국 판초 비야가 명령에 불복종한 아로요를 처단하면서 이야기는 막을 내린다.

카를로스 푸엔테스는 단순히 글솜씨만 뛰어난 작가가 아니었다. 사회 문제에도 주목했다. 스페인 신문, 멕시코 신문에 정치 비평을 기고하기도 했다. 그가 생전에 마지막으로 트위터에 남긴 메시지는 우리를 반성하게 하고 또 한 걸음 앞으로 전진하게 한다.

"야만과 학살 너머에는 인류의 실존을 뒷받침하는 무언가가 반드시 있다. 우리는 이것을 찾아야만 한다."

멕시코를 관통하는 언어의 연금술사, 옥타비오 파스

옥타비오 파스Octavio Paz는 카를로스 푸엔테스와 함께 멕시코의 국민 작가로 꼽힌다. 1990년에 멕시코인 중 유일하게 노벨문학상을 받았다. 카를로스가 외교관 아버지를 두었다면 옥타비오는 본인이 작가이자 외교관이었다. 파리, 제네바, 일본에 이르기까지 여러 나라에서 일하며 많은 시집과 수필집을 남겼다.

그는 1914년에 멕시코에서 태어났다. 그가 청년이 되었을 때는 멕시코 혁명 정부가 들어선 뒤 나라가 어느 정도 안정화된 상태였다. 대신 그가 겪은 것은 당대 주류 이념의 격전장이었던 스페인 내전이다. 무정부주의, 공산주의, 자유주의, 사회주의, 파시즘에 이르는 이념이 충돌했다. 그는 프란시스코 프랑코Francisco Franco의 파시즘에 반대 운동을 벌이며 저항했다.

이후 그는 프랑스 파리에서 초현실주의를 접했다. 이는 그의 작품 세계에 많은 영향을 주었는데, 대표 작품으로 멕시코의 색을 그대로 담은 〈태양의 돌Piedra del sol〉이 있다. 태양의 돌은 아스테카의 달력을 의미한다.

그는 역사 인식의 중요함을 역설했다. 역사를 인식함으로써 민족의 국가 정체성이 형성되고 이를 통해 역사의 다음 페이지로 나아갈 수 있다고 말이다.

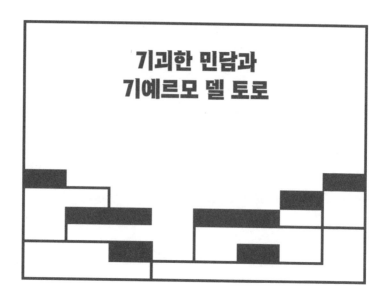

기괴한 민담과
기예르모 델 토로

멕시코에는 괴기한 민담이 많이 전해져 내려온다. 아메리카 대륙에 존재하던 이야기에 스페인이 침략해오면서 유럽의 민담까지 섞인 덕에 상상력은 계속해 확장되어 1960년대에는 멕시코산 공포 영화들이 즐비하게 나오기도 했다.

멕시코의 기괴한 민담, 우는 여인 요로나

대표적인 것을 꼽자면 '구슬피 우는 여인'을 뜻하는 요로나 *llorona*이다. 멕시코인들에게 보편적으로 잘 알려진 민담인 만큼 요로나는 여러 번 영화화되었다. 〈요로나의 저주〉와 같이 대부분이 아주 오싹한 공포 영화이다. 하얀 소복을 입은 처녀 귀신처럼 요로나도 흰 원피스를 입고 머리에는 흰 천을 둘렀다. 이 천이 벗겨지면 무시무시한 얼굴을 마주하게 된다.

요로나에 관한 이야기는 어디서 생겨났을까? 스페인의 에르난 코르테스 군대가 바다를 건너온 이후 멕시코는 줄곧 스페인의 지배하에 있었다. 스페인의 지배 전략 중 하나는 원주민 여성과 관계를 맺어 혼혈 인구를 확대하는 것이었다. 이렇게 하면 멕시코 땅에 본인들의 영향력이 강화될 것이라 믿었다. 요로나의 전설은 바로 이 지점에서부터 시작된다. 멕시코 북부 도시인 후아레스에 마리아라는 여인이 두 명의 아이와 함께 살고 있었다. 그러던 중 스페인 남자와 사랑에 빠진다. 그러나 이 남자는 미래를 약속하지도 청혼을 하지도 않았다. 마리아는 불안해하며 본인의 신세를 한탄하다가 아이들이 문제라는 생각에 강물에 던져 버린다. 하지만 그 스페인 남자는 아랑곳없이 다른 스페인 여자에게로 떠나버린다. 아무 죄 없는 아이들을 죽였다는 죄책감까지 더해지며 마리아는 죽음을 택한다. 이렇게 물에 빠져 죽은 여자 물귀신 '요로나 민담'이 시작되었다.

요로나 이야기를 닮은 도시 괴담이 있는데 '라 플란차다 *La Planchada*'이다. 멕시코 전역에 있는 병원과 관련되어 있다. 1930년대에 멕시코시티의 한 병원에서 근무하던 에울라리아 *Eulalia*라는 간호사가 있었다. 연인이었던 동료 의사가 떠나버리자 버림받았다고 생각한 그녀는 충격에 목숨을 끊는다. 그렇

● 구슬피 우는 여인, 요로나

게 에울라리아는 항상 병원 주변을 떠도는 유령이 되었다. 슬
픈 사연을 지닌 유령이지만 사람들을 괴롭히는 것만은 아니다.
환자의 병은 고쳐주기도 하는 슬픈 간호사 유령이다.

동화적 서사에 비극을 그리는 기예르모 델 토로

멕시코적인 공포에 상상력을 한 스푼 더해 작품을 만드는
이가 있다. 멕시코 영화계의 거장인 기예르모 델 토로*Guillermo
del Toro*이다. 그는 복잡하고 기괴한 민담을 작품으로 구현해내
는 데 뛰어나다. 시리즈물인 〈호기심의 방*Cabinet of Curiosities*〉이

● 영화 〈판의 미로〉　　　　● 멕시코 영화계의 거장, 기예르모 델 토로

대표적이다. 각 에피소드마다 주인공은 서랍장에서 기묘한 물건을 하나씩 꺼낸다. 그리고 여기에 담긴 여덟 가지 무서운 이야기를 하나씩 풀어놓는다. 피눈물을 흘리는 요로나를 연상케 하는 무서운 장면도 등장한다.

민담에나 등장할 듯한 괴기한 생명체는 영화 〈판의 미로 *Pan's Labyrinth*〉에서도 만날 수 있다. 양 손바닥에 눈알이 있어서 얼굴에 손바닥을 올리는 괴물인 페일맨은 아이를 잡아먹는 괴물로 나온다. 이는 엘 쿠쿠이*El cucuy*라는 멕시코 전설 속 괴물과 관련되어 있다. 멕시코 부모들은 아이들이 말을 안 들으면 "자꾸 그러면 엘 쿠쿠이가 잡아간다."라고 한다.

이 영화의 주인공은 감수성 가득한 소녀 '오필리아'이다. 동화책을 좋아하는 그는 '판'을 만나 미지의 세계로 빠져든다. 고대 신화 속 정령인 판은 염소와 오래된 나무를 합쳐놓은 모습이다. 손가락이 마치 나뭇가지처럼 길고 뾰족하다.

언뜻 보면 아이들을 위한 판타지 같지만 이 영화는 스페인 내전 이후의 어두운 모습을 담고 있다. 시대적 배경은 1944년, 동화적인 서사에 당시의 비극적인 전쟁의 참상이 담겨있다. 영화의 배경이 되는 스페인 내전 당시 멕시코는 카탈루냐*Cataluña* 지역을 기반으로 한 공화파 세력을 지원해 파시즘에 맞섰다. 이때 공화파의 주요 인물들이 멕시코로 피신해 망명 정부를 세우기도 하고, 예술가들이 파시즘을 피해 멕시코로 넘어오기도 했다. 기예르모 델 토로의 세계관은 그들로부터 자연스럽게 영향을 받은 것이다.

민담 속에서 금방 튀어나온 듯한 그의 캐릭터는 〈판의 미로〉에서 멈추지 않았다. 2018년 제90회 아카데미 시상식에서 작품상을 받은 〈셰이프 오브 워터*The Shape of Water*〉는 물고기와 사람을 합친 듯한 괴생명체가 인간과 사랑에 빠진 모습을 그리고 있다. 이 영화의 배경은 미국과 소련 간의 우주경쟁이 펼쳐지던 1960년대이다. 여주인공인 엘라이자는 실험실에서 온갖 고통을 겪는 괴생명체를 연민하고 사랑하게 된다. 괴생명체는 초인적인 신비한 힘을 가지고 있다. 총으로 쓰러진 엘라이자를 살려냄과 동시에 목의 흉터를 아가미로 변하게 하여 물속에서 키스를 나눈다. 그는 이 작품으로 제74회 베니스 영화제에서 최우수상인 황금사자상까지 받으며 거장으로서의 입지를 공고히 했다.

멕시코 영화 감독 3인방

쓰리 아미고스*three amigos*로 불리는 멕시코 감독 3인방이 있다. 스페인어로 친구를 '아미고*amigo*'라고 한다. 기예르모 델 토로 외 나머지 두 명은 알폰소 쿠아론*Alfonso Cuarón*과 알레한드로 곤살레스 이냐리투*Alejandro González Iñárritu*이다. 이 셋은 나이도 비슷하고 실제 오랜 친구 사이이다.

알폰소 쿠아론 감독의 이름을 알린 작품은 〈이 투 마마*Y Tu Mama Tambien*〉이다. 영화의 주인공은 17세 동갑내기인 테녹과 훌리오이다. 테녹은 부잣집 아들이고 훌리오는 평범한 가정 출신이지만 서로 잘 어울린다. 호기심 가득한 둘은 가족 행사에서 테녹의 사촌 형의 아내인 루이사와 천국의 입으로 불리는 해변으로 떠난다. 이 영화는 멕시코 특유의 정취가 강하게 느껴진다. 작렬하는 태양과 탁 트인 해변의 멋진 자연 경관을 한껏 느낄 수 있다. 〈그래비티*Gravity*〉, 〈로마*Roma*〉 또한 그의 대표작이다.

알레한드로 곤살레스 이냐리투의 대표작은 〈버드맨*Birdman*〉과 〈레버넌트*The Revenant*〉를 꼽지만 멕시코인의 삶과 조금 더 관계된 작품은 〈바르도*Bardo*〉이다. 주인공 실베리오*Silverio*는 멕시코 출신의 저명한 저널리스트이다. 그는 미국에서 오랫동안 살아왔고 성공해서 주류 사회에 안착했다고 믿지만 이는 자신만의 착각이었다. 그가 아메리카 원주민에 대한 인종차별을 비판하자 미국인들은 실베리오를 불편해하고 그를 이방인 취급한다. 이러한 일련의 과정에서 실베리오는 방황하고 자신이 살아온 인생을 돌아보며 멕시코로 향한다. 이 영화는 오랜 기간 멕시코 출신 이방인으로 대우받아온 본인의 삶을 투영하고 있다. 멕시코인들이 미국에서 아무리 많은 업적을 쌓아도 주류에 속하기 어려운 현실을 잘 반영하는 영화이다.

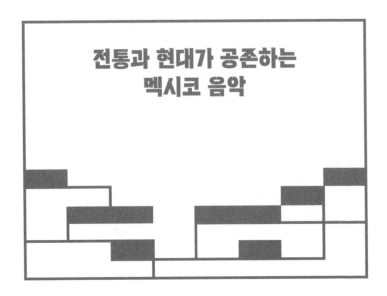

전통과 현대가 공존하는 멕시코 음악

멕시코 음악은 전통과 현대가 공존한다. 새로운 음악 장르가 이전의 것을 대체하지 않는다. 최신 음악은 기존 음악과 조화를 이루며 켜켜이 쌓인다. 삶의 애환이 녹아 있는 민속 음악 란체라*Ranchera*도, 오래전 행진곡에서 시작된 반다*Banda*도, 중독성있는 비트의 레게톤*Reggaetón*도 우열을 가리기 힘든 동시대 주류 음악이다. 이 때문에 멕시코 음악의 다채로운 매력에 한번 빠지면 헤어나오기가 힘들다.

멕시코의 구슬픈 선율, 란체라

멕시코에는 사랑의 슬픔과 낭만을 그린 노래가 많다. 멕시코의 대표적인 음악 장르 중 란체라*Ranchera*가 있다. 영어로 랜치*ranch*는 '목장', '농장'을 뜻하고 이를 스페인어로 란초*rancho*라고 한다. 농민의 노래와 춤에서 비롯된 멕시코 특유의 민속 음악이다.

란체라에는 사랑의 아픔과 인생의 외로움, 고향에 대한 향수가 복합적으로 녹아 있다. 가수의 흐느낌이 온전히 느껴진다는 점에서 집시의 애환이 녹아 있는 스페인의 플라멩코와도 일견 닮았다. 오랜 역사와 인기에 걸맞게 유명한 가수도 많다. 먼저 차벨라 바르가스*Chavela Vargas*는 93세까지 노래에 혼을 불사르고 떠났다. 인생의 회한과 사랑의 아픔을 거칠고 투박한 목소리로 노래했다. 가슴을 긁는 듯 절절하게 흐느끼는 그의 노래를 듣고 있노라면 슬픔이 강하게 밀려온다.

란체라를 대표하는 인물로 비센테 페르난데스*Vicente Fernandez*도 빠뜨릴 수 없다. 그는 50년 이상 란체라 음악과 함께했다. 할아버지부터 손주에 이르기까지 만인이 좋아하는 노래를 부르는 그는 스페인어로 왕과 아이돌을 뜻하는 '엘 레이*El Rey*'나 '엘 이돌로*El Ídolo*'로 불린다. 낭만적이고 호소력 있는 목소리로 멕시코를 넘어 스페인어권 나라에서도 유명하다. 대표곡인 〈무헤레스 디비나스*Mujeres Divinas*〉는 '절세 미인'

● 비센테 페르난데스

이라는 뜻으로 사모하는 여인에게 바치는 노래이다. 그는 챙이 큰 모자와 멕시코식 정장을 입고 노래한다. 그의 복장은 소규모 악단인 마리아치 악단의 의상과 같다. 멕시코 남자들은 마리아치 악단을 통해 사랑하는 여인에게 이 노래를 들려주며 프로포즈를 하기도 한다.

또 다른 대표곡 〈볼베르, 볼베르Volver, Volver〉는 스페인어로 '돌아가자, 돌아가자'는 뜻의 제목이다. 노래는 절정에 도달할수록 돌아가고 싶다는 뜻의 '볼베르'를 반복해 외친다. 이 노래는 특히 일자리를 위해 미국으로 떠나 있는 멕시코 이민자들에게 진한 향수를 불러일으킨다.

비센테 페르난데스는 멕시코에서는 마초적인 남성의 상징이었다. 공연에서 술 한 잔을 손에 들고 등장해 클라이막스에서 멋드러지게 마시는 모습에 팬들은 열광했다. 그의 상남자스러움을 보여주는 에피소드가 있다. 2012년에 간에 종양이 있다는 판정을 받은 후 의사가 간 이식을 이야기하자 그가 누군지도 모르는 다른 남자의 장기를 가진 채 부인 옆에 누워있고 싶지 않다고 거부한 이야기다. 그렇게 란체라의 전설 페르난데스는 81세의 나이로 세상을 떠났다. 그는 이제 없지만, 아들인 알레한드로 페르난데스*Alejandro Fernandez*가 그의 뒤를 잇고 있다.

[란체라]

차벨라 바르가스, 〈라 요로나(우는 여인)〉

비센테 페르난데스, 〈무헤레스 디비나스(절세 미인들)〉

비센테 페르난데스, 〈볼베르 볼베르(귀향)〉

알레한드로 페르난데스, 〈아모르 히타노(집시 사랑)〉
※ 비욘세와 듀엣곡

알레한드로 페르난데스, 〈오이 뗑고 가나스 데 띠(오늘 너가 보고 싶어)〉
※ 크리스티나 아길레라와 듀엣곡

알레한드로 페르난데스, 〈아브리레 라 푸에르타(내가 문을 열 거야)〉

군악대에서 시작된 경쾌한 음악, 반다

란체라가 트로트나 오래된 발라드에 가깝다면 반다*Banda*는 프랑스가 멕시코를 침략했던 1862~1867년 군악대에서 전래되어 시작된 음악 장르로 멕시코의 젊고 밝은 에너지가 느껴진다.

스페인어로 반다는 영어의 밴드*Band*에 해당된다. 조금 더 명확히 말하자면 군악대*Bandas Militares*를 뜻한다. 리듬이 복잡하지 않고 심플하다. 여기에 최저음을 내는 대형 사이즈의 금관악기인 수자폰*sousaphone*이 기본으로 깔린다. 수자폰은 1893년경 J.W.페퍼사가 미국 행진곡의 왕으로 불리는 존 필립 수자*John Philip Sousa*의 주문으로 처음 제작한 악기이다. 하지만 부피가 너무 커서 행진할 때 이동이 쉽지 않아 새로운 형태의 악기로 재탄생했다. 대표적인 악기가 색소폰이다.

[반다]

반다 엘 레코도, 〈떼 프레수모(너를 생각해)〉

깔리브레 피프티, 〈꼬리도 데 후아니또(후아니또의 노래)〉

주니어 에이치 꼰 반다, 〈엘 이호 마요르(맏아들)〉

군악대의 음악에서 시작된 반다는 1920년대 미국 재즈 음악이 태동하자 음악적으로 영향을 받으며 성장했다. 여기에 반다 엘 레코도*Banda el Recodo*라는 그룹이 반다 음악의 확산에 주요한 역할을 했다. 1938년에 17명의 멤버로 결성된 이 그룹은 멕시코 전국을 순회공연하며 인기를 끌었다.

반다는 '북부 지역의 멕시코인'들을 뜻하는 노르떼뇨*norteño*라는 음악으로 진화해왔다. 노르떼뇨는 트럼펫, 트롬본, 호른 등 금관악기로 구성된 대규모 앙상블인 브라스 밴드에서 연주하는 음악이다. 멕시코 북서쪽에 위치한 시날로아*Sinaloa*주의 대표적인 음악 장르이다. 대표 밴드로는 1987년 데뷔한 로스 투카네스 데 티후아나*Los Tucanes de Tijuana*가 있다. 멋지게 수트를 빼입은 중년의 남자들이 에너지 넘치게 노래한다.

● 칼리브레 피프티(Calibre 50)

최근에는 2010년 데뷔한 칼리브레 피프티*Calibre 50*가 노르떼뇨 장르에서 인기가 높다. 그들의 음악에는 꼬리도*corrido*라는 단어가 자주 쓰이는데, 누군가에게 경의를 표하거나 공감한다는 의미이다. 예를 들어 〈꼬리도 데 후아니또*Corrido De Juanito*〉는 고향 멕시코에 오랜 세월동안 돌아가지 못하는 미국 불법 이민자들에 대한 이야기를 담았다. 그들은 고국으로 한 번 돌아가면 길게는 10~15년 동안은 미국에 재입국이 금지된다. 불법 이민은 잘못되었지만, 어쩌지 못하는 애환에 대해 노래한다.

힙합에 라틴의 비트를 담은 레게톤

지금 멕시코 젊은이들이 가장 즐겨듣는 음악을 꼽자면 레게톤*Reggaetón*이다. 레게톤은 힙합에 라틴 음악의 비트와 리듬이 섞인 음악 장르이다. 자메이카의 레게 음악에서 유래했다. 레게톤은 '큰 레게 음악'이라는 뜻이지만 우리가 흔히 알고 있는 부드러운 선율의 레게*Reggae*와는 상당히 다르다. 레게톤은 더욱 빠른 비트라서 엉덩이가 들썩대고 어깨춤이 절로 나온다.

레게톤의 시작은 40여 년 전으로 거슬러 올라간다. 1980년대 자메이카 노동자들이 파나마 운하에서 일했을 때 파나마에 전파되는 과정에서 일렉트로닉 음악이 섞였다. 이후 카리브해의 푸에르토리코로 다시 전파되며 스페인어 음악으로 확대되었다. 대표 음악으로는 푸에르토리코 출신의 루이스 폰시*Luis Fonsi*가 대디 양키*Daddy Yankee*와 부른 〈데스파시토*Despacito*〉가 있다.

[레게톤]

루이스 폰시, 〈데스파시토(아주 천천히)〉

배드 버니, 〈티티 메 프레군또(티티가 나에게 물었어)〉

배드 버니(with 카디비, 제이발빈), 〈I Like It〉

[멕시코 국민 가수]

탈리아, 〈데스데 에사 노체(그날 밤부터)〉

루이스 미겔, 〈디렉토 알 꼬라손(심장을 향해 곧장)〉

루이스 미겔, 〈엘 디아 께 메 끼에라스(너가 날 사랑하게 되는 날)〉

함께 생각하고 토론하기

멕시코인들은 죽음을 단지 슬픈 기억으로만 남기지 않습니다. 죽음을 가까이하며 긍정적으로 바라봅니다. 남은 이들이 떠난 이들을 그리는 '망자의 날'을 축제로 승화시킵니다.

● '죽는다는 것을 기억하라 *Memento mori*'는 관점을 견지하는 것은 우리의 삶을 어떻게 바꿀 수 있을까요? 이러한 접근이 우리의 하루하루를 더 가치 있게 만들어줄까요?

알레브리헤 *alebrije* 는 사자의 몸에 독수리의 머리, 나비의 날개를 단 당나귀 등 이질적인 것이 함께 결합되어 새로운 작품으로 탄생한 멕시코의 전통 공예입니다. 앞서 다루었던 '몰레(밥+초콜릿), '미첼라다(타바스코 소스+맥주)에 이르기까지 멕시코는 다른 것을 조합해 새로운 것을 창조해내는 특성이 있습니다.

● 세상은 빠르게 변화하고 직업 또한 다양해지고 있습니다. 다가오는 미래에는 동시에 두 개의 직업을 가질 수 있을까요?

● ● 두 가지 이상의 이질적인 분야를 결합해서 새로운 학교의 전공이나 새로운 직업군을 만든다면 어떤 것이 있을 수 있을까요?

5부

여기를 가면 멕시코가 보인다

"삶은 그저 과거로부터 흘러온 강."

– 기예르모 델 토로

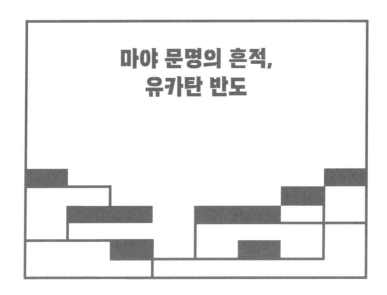

마야 문명의 흔적, 유카탄 반도

　멕시코 남동부에 위치한 유카탄 반도는 멕시코 영토 전체의 꼬리처럼 달려 있다. 이웃 국가인 과테말라와 벨리즈도 일부 지역이 유카탄 반도에 속한다. 고대 문명 중 하나인 마야 문명이 태동한 곳이다. 북부의 유카탄주에는 원주민 비율이 높고 이들 중 약 65%가 마야 문명에 뿌리를 둔 원주민이다.

　20세기 초 멕시코로 떠난 한인 이민자들이 고생했던 선인장 농장도 유카탄 반도에 있었다. 언젠가부터 우리나라 신혼부부들에게 최고의 신혼여행지 중 하나로 꼽히는 칸쿤도 이곳에 위치해 있다. 유카탄 반도는 열대 기후에 속해서 일년 내내 무더운 날씨이다. 종종 강력한 허리케인이 강타하기도 하므로 우기가 시작되는 여름부터 11월초까지는 여행을 피하는 것이 좋다.

● 인기 신혼여행지 칸쿤

● 바칼라르의 일곱 빛깔의 호수

인기 신혼여행지 칸쿤, 푸드 천국 플라야 델 카르멘

칸쿤*Cancún*은 한국인들의 신혼여행 명소로 인기를 끌어왔다. 에메랄드빛 해변에 누워 쏟아지는 햇살을 받으며 망고주스 한 잔의 여유를 누리려면 오랜 비행을 견뎌야 한다. 그래서 LA나 뉴욕에서 며칠을 보내고 칸쿤으로 향하는 이들도 많다.

유카탄 반도는 멕시코에서 안전한 지역 중 하나이다. 미국인들이 은퇴 후 가장 많이 살고 싶어하는 곳으로 꼽힐 정도로 인기가 높다. 이 중 플라야 델 카르멘*Playa del Carmen* 해변은 수백 개의 현지 음식점이 있어 푸드투어를 즐기기에 제격이다.

일곱 빛깔의 호수, 바칼라르

바칼라르*Bacalar*는 마야어에서 기원한 지명으로 '갈대가 둘러싼 곳'을 의미한다. 과거 서구권 국가들이 목재를 찾는다는 구실로 계속 침략해왔던 곳이다. 바칼라르의 대표 여행지는 라구나 데 로스 시에테 콜로레스*Laguna de los siete colores*이다. '일곱 빛깔의 호수'를 뜻하는 이 호수는 어휘력을 시험할 정도로 호수의 색이 다양하다. 코발트빛에서 감청색에 이르는 물을 보고 있자면 자연의 신비에 경탄하지 않을 수 없다.

세계 7대 불가사의, 치첸 이트사

치첸 이트사*Chichen Itza*는 유카탄 반도의 북서부에 위치한 도시 메리다에서 동쪽으로 110km 떨어진 곳에 위치해 있다. 칸쿤에서는 버스로 3시간 정도 소요된다. 2007년에는 세계 7대 불가사의 중 한 곳으로 선정되기도 했다. 그중에서도 치첸 이트사를 상징하는 건축물인 피라미드 모양의 엘 카스티요*El Castillo*가 대표적이다. 이곳은 마야 문명과 톨텍 문명이 결합된 유일한 유적지이다. 독특한 건축물과 풍습을 만나볼 수 있다.

● 치첸이트사

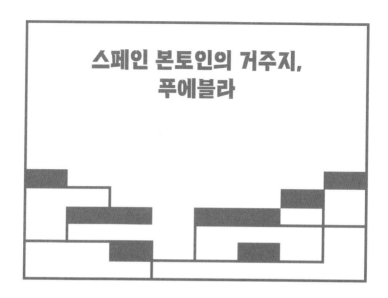

스페인 본토인의 거주지, 푸에블라

 총 인구 650만 명의 푸에블라*Puebla*주의 핵심도시는 푸에블라 데 사라고사*Puebla de Zaragoza*, 줄여서 '푸에블라'라고 한다. 형형색색 유서 깊은 건물이 즐비한 거리가 매력적이며 이중에서도 개구리 골목*Callejón De Los Sapos*이 유명하다.

 멕시코시티에서 130km 정도 떨어져 있는 푸에블라는 스페인이 멕시코에 건너온 스페인 이주자를 위해 세운 도시이다. 사실 푸에블라는 2,500년의 오랜 역사를 지닌 원주민들의 종교적 중심지 출룰라*Cholula*를 견제하기 위한 전략 도시이기도 하다. 스페인 이주자 중심의 도시인 만큼 푸에블라에는 300개가 넘는 성당이 있다. 2017년 큰 지진이 발생해 상당수가 파손되어 복원을 거쳐 현재의 모습이 되었다.

어디를 가든 멕시코 도시나 마을의 중앙에는 큰 규모의 광
장이 있다. 이곳에서 사람들은 어울려 춤을 추기도 하고 벤치
에 앉아 담소를 나누기도 한다. 푸에블라에도 문화적·사회적
으로 중심이 되는 중앙 광장 소깔로 *zócalo* 가 있다.

두 개의 첨탑과 화려한 채색타일로 장식된 돔의 푸에블라
대성당이 자리한 이 광장은 16세기에서 19세기 중반까지 옷이
나 생활용품을 사고 파는 시장 역할을 했다. 지금도 광장에는
16세기에 지은 길게 뻗은 아케이드의 흔적을 볼 수 있고 다채
로운 상가들이 즐비하다.

17~18세기에는 카톨릭의 신성함과 토속신앙을 주제로 한
연극들을 광장 한복판에서 상연하기도 했다. 평화롭게 활용
되던 광장은 프랑스 제국의 침략이 있던 19세기 중반부터 승
리의 장소로 거듭났다. 1862년 5월 5일 프랑스에 맞선 푸에
블라 전투에서 멕시코는 승리를 거두었고 이날을 기념해 매
년 5월 5일 중앙 광장에서는 씽코 데 마요 기념일의 대규모 축
제가 열린다.

● 푸에블라의 개구리 골목

● 푸에블라의 중앙 광장, 소칼로

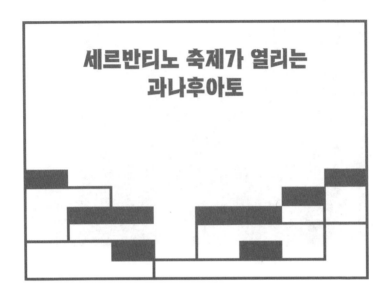

세르반티노 축제가 열리는
과나후아토

과나후아토*Guanajuato*는 '은빛 도시'로 불린다. 18세기 세계
적인 은광업의 중심지였다. 광산의 번영은 곧 도시의 부로 이
어졌다. 아름다운 바로크와 신고전주의 양식의 빌딩이 도시의
미를 뽐낸다. 또한 과나후아토주는 멕시코의 독립 영웅인 미
겔 이달고 신부의 연설이 시작된 혁명의 발상지이다. 미겔 이
달고와 그와 함께한 혁명의 지도자들은 잡혀서 처형되었지만,
그들 덕분에 민중이 들고 일어났고 멕시코는 스페인으로부터
독립에 성공하였다.

● 은광업으로 번영한 도시, 과나후아토

스페인이 아닌 멕시코에서 열리는 세르반티노 축제

과나후아토에서는 매해 10월 세계 최대의 축제인 세르반티노 축제*Festival de Cervantino*가 열린다. 규모나 인지도 면에서 세계 상위 다섯 손가락 안에 드는 축제이다. 중남미에서는 브라질의 리우 카니발과 함께 가장 큰 축제로 손꼽힌다. 세르반티노 축제는 그 이름에서 예상되듯 스페인 최고의 극작가인 미겔 데 세르반테스*Miguel de Cervantes*에서 이름을 따왔다.

과나후아토는 은광 채굴로 오랜 기간 많은 부를 쌓았다. 그러자 상류층을 중심으로 풍요로운 문화 생활에 대한 관심이 높아졌고 자연스레 다양한 음악과 무용이 발전했다. 공연장도 하나둘 생겨났다. 마을의 중심에 위치한 플라사 *Plaza* ●에 앉아 즐기는 길거리 공연도 꾸준히 늘어났다.

자유로운 분위기가 이어지던 1953년 과나후아토 대학교의 교수와 학생들이 시내에서 세르반테스의 〈돈키호테〉 공연을 했다. 그리고 이 공연은 매년 축제화되어갔다. 1972년부터는 정부에서 본격적으로 지원하며 세계적 축제로 거듭났다. 세르반테스의 정신을 잘 받아들인 이 축제는 무용, 음악, 거리예술 등 다양한 장르를 포괄한다. 또한 영화제를 비롯해 여러 주제의 워크숍과 세미나도 줄을 잇는다. 1988년에는 역사지구와 주변의 광산 지대 전체가 유네스코 문화 유산으로 지정되었다.

남미 최고의 바로크 건축물, 콤파니아 성당

과나후아토의 중심부인 라파스 광장 *Plaza de la Paz*을 걷다 보면 250년의 역사를 가진 과나후아토 대학이 나오고 바로 인근

● 멕시코 도시나 마을에 있는 중앙 광장을 일반적으로 플라사라고 한다. 스페인인들이 식민지를 운영하기 위해 만든 공간이다. 멕시코의 플라사는 먼저 중앙에 사각형 형태의 공원이 놓이고, 이를 큰 길이 에워싸고, 그 테두리를 시청, 정부기관, 성당 등 주요 건물이 둘러싼다. 통치를 효율적으로 하기 위한 배치이다. 하지만 푸에블라는 본토인이 주로 거주한 곳이었기에 다른 도시에 비해 소칼로를 더 미학적으로 꾸며놓았다.

● 세계적 축제인 세르반티노 축제

● 과나후아토의 콤파니아 성당

에 위치한 웅장한 규모의 콤파니아 성당Iglesia de la Compañía을 마주하게 된다. 콤파니아 성당은 남미 최고의 바로크 양식 건축물로 마치 유럽 한복판에 와있는 느낌을 준다. 이 성당에는 예수님이 안치되어 있는 것 같은 유리관이 있다. 멕시코의 다른 성당에서도 성인을 모셔둔 유리관을 만날 수 있는데, 이는 언어가 다른 원주민들을 카톨릭으로 개종하는 과정에서 시각적인 이해를 돕기 위한 방식이었다는 설이 있다.

콤파니아 성당에는 비극적인 사랑 이야기도 전해져 온다. 형제가 한 여인을 지독히 사랑해 그 여인을 두고 다투던 중 한 형제가 다른 형제를 죽이고 결국 본인도 자살하고 말았다는 이야기이다. 콤파니아Compañía는 스페인어로 '동반자', '동행'을 의미하는데, 결국 잘못된 동행을 택한 것이다.

끝으로 콤파니아 성당을 비롯한 구시가지를 한 눈에 볼 수 있는 명소가 있다. 삐뻴라 Pipila 동상이다. 삐뻴라는 식민지 시절의 광부였다. 식민정부의 억압과 악행에 맞서 투쟁한 그를 기려 거대한 동상과 함께 전망대가 있다.

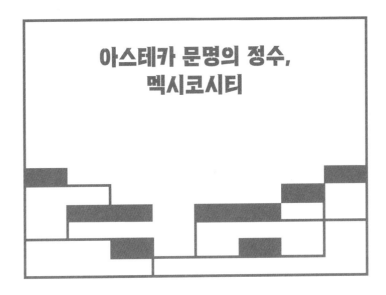

아스테카 문명의 정수, 멕시코시티

멕시코시티는 멕시코의 수도로 인근 광역권까지 포함하면 2,100만 명이 넘게 사는 메가시티이다. 멕시코 중부 고원 지역에 넓게 펼쳐져 있어 도시에서 벗어나는 데도 한참의 시간이 소요된다. 해발고도가 2,200m로 높은 곳이라 프로 스포츠 선수들은 전지훈련을 목적으로 찾기도 하지만 일반 여행자는 고산병을 겪을 수도 있다. 이곳은 아스테카 제국이 토대를 마련하고 번영했던 곳이다. 텍스코코 호수를 메워 도시를 세웠다. 그래서 지진에 취약하다는 문제점도 공존한다.

　멕시코시티로부터 북동쪽으로 약 50km 떨어진 곳에 테오
티우아칸*Teotihuacán*이 있다. 고대 문명을 보여주는 신비로운 유
적지이다. 이 거대 도시는 스페인의 침략 이후 19세기 말까지
사람들에게 까맣게 잊혔다가 다시 발견되었다. 유적지 중앙을
가로지르는 죽은 자의 거리를 따라 태양의 피라미드와 달의
피라미드, 그리고 케찰코아틀 궁전과 신전이 있다. 케찰파팔
로틀 궁전은 여러 개의 방과 안뜰로 이루어져 있다. 지위가 높
은 제사장이 이곳을 이용했을 것으로 추측된다. 유적지의 남

● 테오티우아칸

쪽 끝에는 케찰코아틀 신전이있다. 이곳에서는 관개 수로 유적, 광장, 주거지의 흔적을 볼 수 있다. 제단이 있는 정상까지 걸어서 올라갈 수 있는데, 경사가 꽤 가팔라서 항상 안전사고에 유의해야 한다. 또한 피라미드를 오르는 시작점이 이미 해발 2,200km의 높은 고원 지대라는 점을 감안해 천천히 올라야 한다. 아니면 고산증을 겪을지도 모른다.

중남미에서 가장 큰 성당, 메트로폴리탄 대성당

멕시코시티 중심에는 러시아 모스크바의 붉은 광장에 이어 세계 두 번째 규모의 공공 광장이 있다. 그리고 광장의 규모에 걸맞는 메트로폴리탄 대성당*Metropolitan Cathedral*이 있다. 높이 60m, 길이 128m에 이르는 중남미에서 가장 크고 아름다운 성당으로 알려진 이 성당에는 흥미로운 이야기가 전해진다. 과거 신앙심이 깊은 신부님이 매일 기도를 하고 예수상 발에 입을 맞췄는데, 카톨릭을 거부한 한 원주민이 신부님을 독살하려 발에 독을 발라두었다고 한다. 그런데 신부님이 입을 맞추려 하자 예수상이 무릎을 꺾어 입맞춤을 못하게 했다는 이야기이다.

● 메트로폴리탄 대성당과 멕시코시티 중앙 광장

벽화로 만나는 멕시코 역사, 멕시코 국립궁전

　메트로폴리탄 대성당 옆에 멕시코 국립궁전*Palacio Nacional*이 있다. 이곳은 그 자체로 역사이다. 아스테카 황제의 궁전 자리에 스페인이 식민통치를 위해 총독 관저로 건설한 게 그 시작이다. 현재는 대통령 집무실과 주요 행정부처로 사용되고 있다. 이러한 역사에 걸맞게 내부에는 멕시코의 거장 디에고 리베라가 그린 거대한 벽화가 있다. 역사적 사건 총 여덟 개의 장면을 만나볼 수 있는데, 아스테카 제국 시대부터 스페인의 침

● 멕시코 국립궁전의 벽화

략, 멕시코의 독립, 멕시코 혁명까지 멕시코 역사를 한눈에 파
악하기에 더할 나위 없이 좋다.

조각배에서 즐기는 풍류, 소치밀코

멕시코시티 남부의 소치밀코*Xochimilco*는 과거에는 노동자
계층이 거주하던 곳이었으나 지금은 수많은 운하와 정원이 남
아있는 낭만적인 곳으로 변신했다. 화려한 색의 곤돌라형 조각

● 멕시코시티 남부의 역사 지구, 소치밀코

배를 탈 수 있다. 중앙에는 테이블과 의자가 놓여있고, 마리아
치 밴드가 탄 배와 주류와 음식을 실은 배가 느릿느릿 떠다닌
다. 배에서 술을 한 잔씩 걸치고 신나는 음악에 맞춰 춤추고 노
래하는 등 풍류를 즐기기에 더할 나위 없이 멋진 여행지이다.

로맨틱함을 간직한
멕시코의 해안도시들

전통 춤 하로초를 만날 수 있는 베라크루스

멕시코 해안도시에 칸쿤만 있는 건 아니다. 멕시코만과 카리브해를 끼고 있는 동쪽에는 베라크루스*Veracruz*가 있다. 베라크루스는 예수 그리스도가 못박힌 십자 형태의 나무를 의미한다. 이곳은 식민 기간 멕시코와 유럽 간의 상품을 취급하는 유일한 항구였다. 당시 최대 무역항이었던 만큼 민족 간의 교류가 많아 다양한 문화가 뒤섞였다. 카리브해의 비트, 아프리카의 춤 동작, 멕시코인의 흥이 결합된 전통 춤 하로초*Jarocho* 공연을 만나볼 수 있다. 하로초는 빠른 비트의 음악에 추는 탭댄스이다. 유명한 〈라 밤바*La Bamba*〉도 하로초 형식의 음악이다.

● 베라크루스의 거리

● 베라크루스의 전통춤 '하로초'

푸에르토 바야르타와 만사니요

　멕시코는 태평양이 있는 서쪽 방향으로도 드넓은 해안선이 이어져 있다. 여유와 낭만이 넘치는 태평양의 해안도시를 경험하고 싶다면 푸에르토 바야르타*Puerto Vallarta*와 만사니요*Manzanillo*를 추천한다. 푸에르토 바야르타는 한적한 시골 해변 마을 같은 느낌이라 차분하게 여유를 즐기기 제격이고, 만사니요에서는 따뜻한 모래 위에 누워 높이 솟은 야자수와 에메랄드 빛 해변을 보는 휴식을 만끽하기에 좋다. 도시 여행에서 쌓인 지친 몸과 마음을 쉬어갈 수 있는 곳이다.

● 태평양의 해안도시, 만사니요

함께 생각하고 토론하기

우리나라 서구 국가의 많은 사람들이 멕시코 여행지로 유카탄 반도의 칸쿤을 떠올리고 방문율도 압도적으로 높습니다. 치안 문제도 있겠지만 멕시코 전역의 다채로운 매력의 도시들이 세계적으로 알려지지 못한 것은 안타까운 부분입니다.

● 우리나라를 방문한 외국인의 경우에도 여행지는 대부분 서울이며, 그 다음으로 부산이나 제주 정도가 손에 꼽힙니다. 이에 비해 일본이나 미국은 수도 외에 전국의 다양한 도시들도 여행자들이 찾습니다. 외국인들이 서울 외에도 여러 도시들을 방문하게 하려면 어떠한 변화와 준비가 필요할까요?

●● 2022년 10월, 50주년을 맞이한 과나후아토의 세르반티노 축제에 우리나라는 주빈국으로 초청받아 전통 공연부터 K팝까지 다채로운 무대를 선보였습니다. 멕시코에서도 K팝 팬들이 많은데요. 우리와 어떤 문화적 공통점이 있을까요?

- 다섯 번째 태양의 시대 https://www.thoughtco.com/aztec-creation-myth-169337
- 멕시코 국가 https://nationalanthems.info/mx.htm
- 멕시코 인종 https://www.diversityabroad.com/articles/travel-guide/mexico, https://www.worldatlas.com/articles/largest-ethnic-groups-in-mexico.html
- 히스패닉 인구 https://www.pewresearch.org/short-reads/2022/09/23/key-facts-about-u-s-latinos-for-national-hispanic-heritage-month/
- 멕시코 언어 https://www.mexsabores.com/post/indigenous-languages-in-mexico?lang=en
- 페스케리아 https://www.bbc.com/mundo/noticias-59238355
- 메이드 인 멕시코 https://www.nytimes.com/2023/02/21/podcasts/the-daily/us-mexico-trade-china.html?showTranscript=1
- 국가별 자살율 https://apps.who.int/gho/data/node.main.MHSUICIDEASDR?lang=en
- 우남대학 https://www.britannica.com/topic/National-Autonomous-University-of-Mexico
- 마야 철도 프로젝트 https://www.alstom.com/mayan-train-project
- 멕시칸 페소 https://en.wikipedia.org/wiki/Mexican_peso
- 산업별 비중 = https://www.statista.com/statistics/275420/distribution-of-gross-domestic-product-gdp-across-economic-sectors-in-mexico/
- 멕시코 축구리그 https://www.statista.com/statistics/270301/best-attended-football-stadiums-in-the-world-by-average-attendance-2010/
- 멕시코 비만율 https://renewbariatrics.com/obesity-rank-by-countries/, https://en.wikipedia.org/wiki/Obesity_in_Mexico#:~:text=Mexico%20passed%20the%20United%20States,39.7%20and%2029.9%25%2C%20respectively.
- 빔보사 매출 = https://companiesmarketcap.com/grupo-bimbo/revenue/
- 코카콜라 소비량 https://mexicodailypost.com/2022/10/20/where-they-drink-more-coca-cola-in-the-world-is-in-mexico-find-out-where/#:~:text=According%20to%20data%20from%20Yale,consumption%20of%20bottled%20sugary%20drinks.
- 1970년 월드컵 룰 https://www.espn.co.uk/football/story/_/id/37583799/how-1970-world-cup-mexico-changed-face-global-soccer-forever
- 멕시코 선인장 https://www.pphouse.org/upload_article/IJBSM_Dec_2011_15_Perez.pdf
- 멕시코 종교 비율 https://www.christianitytoday.com/news/2021/february/mexico-2020-census-protestant-pentecostal-growth-catholic.html
- 코난 오브라이언 https://teamcoco.com/mexico

사진 출처

p14   https://www.redbubble.com/i/art-board-print/Dia-de-los-Muertos-Skull-by-GoodGuyGavin

p20   https://www.mexsabores.com/post/indigenous-languages-in-mexico?lang=en

p27   테스카틀리포카 https://theater.ucsc.edu/season/2016-17/zoot-suit/smoking-mirror
      케찰코아틀 https://tl.wikipedia.org/wiki/Quetzalcoatl
      틀랄록 https://en.wikipedia.org/wiki/Tl%C4%81loc
      찰치우틀리쿠에 https://richardbalthazar.com/art/aztec-images
      토나티우 https://www.mexicolore.co.uk/images-ans/ans_62_01_2.jpg

p30   (우) https://www.sol.com/mx

p40   https://mxcity.mx/2017/08/quien-fue-el-primer-virrey-de-la-nueva-espana/

p42   마야족 https://www.istockphoto.com/kr/%EC%9D%B4%EB%AF%B8%EC%A7%80/mayan-people
      아메린디언 https://www.wwfguianas.org/people/indigenous_local_traditional_people/
      사폭텍족 https://eolane.ee/wishlistl/?p=Oaxaca-Guelaguetza-Sculpture-Zapotec-Alebrije-Clay-Figurine-351643

p55   https://www.newsnationnow.com/business

p56   https://www.vegalia.fr/en/cocoa-bean-the-complete-guide/

p66   (상) https://artsandculture.google.com/
      (하) https://thelogisticsworld.com/comercio-internacional

p79   https://nextluxury.com/funny/mexican-jokes/

p82   https://www.partyworld.ie/straw-gringo-hat/

p84   https://schoolingworldwide.weebly.com/mexico.html

p85   https://runinos.com/places/cyber-cafe-tijuana-mx/

p88   (하) https://es.wikipedia.org/wiki/Instituto_Tecnol%C3%B3gico_y_de_Estudios_Superiores_de_Monterrey

p92   (상) https://commons.wikimedia.org/wiki/File:Mexico_city_microbus_1.jpg
      (하) https://medium.com/the-coffeelicious/the-combi-transportation-and-community-in-small-town-mexico-adfed7e65c2b

p96~98   https://www.foreigncurrencyandcoin.com/

p103 https://depor.com/mexico/liga-mx

p104 https://www.amazon.in/Rounds-Oscar-Hoya-Jon-Saraceno/dp/1887432507

p105 https://www.excelsior.com.mx

p107 (상) https://espndeportes.espn.com/otros-deportes
      (하) https://commons.wikimedia.org/wiki/File:Lucha_libre_m%C3%A1scar-
      as.JPG
p111 (상) https://www.csmonitor.com/World/Americas/2012/0904/Obesi-
      ty-weighing-on-America-Latin-America-that-is
      (하) https://fortune.com/2016/01/08/mexico-soda-tax/
p124 https://themazatlanpost.com/2020/12/30/the-mexica-came-from-russia/
p127 https://www.history.com/this-day-in-history/reconquest-of-spain
p132 https://oncenoticias.digital/cultura/que-decia-el-grito-que-miguel-hidalgo-
      pronuncio-en-1810/164466/
p136 https://time.com/6072141/alamo-history-myths/
p137 https://www.amazon.com/Santa-Anna-Mexico-Will-Fowler/dp/0803226381
p152 (좌) https://walkerart.org/magazine/lance-wyman-mexico-68-olym-
      pics-tlatelolco-massacre
      (우) https://www.irishecho.com/2022/12/higgins-pays-tribute-to-pele
p154 https://welovepv.com/hey-whos-that-guy-luis-donaldo-colosio/
p155 https://www.britannica.com/biography/Vicente-Fox
p157 https://www.as-coa.org/articles/approval-tracker-mexicos-president-amlo
p164 https://www.csmonitor.com/The-Culture/2022/1101/Bringing-dignity-to-
      Mexican-food-a-tortilla-at-a-time
p166 (좌) https://www.chilipeppermadness.com/recipes/elotes/
p169 https://www.ritualchocolate.com/journal/2020/5/5/ritual-recipes-mely-mar-
      tinezs-mexico-in-my-kitchen-mole-poblano
p171 https://www.amazon.com/Como-agua-para-chocolate-Spanish/
      dp/0385721234
p172 https://loscincosoles.com/xocolatl-the-food-of-the-gods/?v=38dd815e66db
p174 https://www.verywellfit.com/the-benefits-of-nopal-89487
p177 (상) https://www.historiachiquita.com/episodio-6-el-henequen-y-la-chancla/
      (하) https://www.gob.mx/firco/articulos/henequen-oro-verde-en-ep-
      oca-prehispanica?idiom=es
p178 https://en.wikipedia.org/wiki/Lizbeth_Gamboa_Song
p183 (상) https://sim.events/blog/traditional-mexican-wedding-reception
      (하) https://www.mexicodestinos.com/blog/7-increibles-lugares-pa-
      ra-casarse-en-mexico/
p184 https://www.muydelish.com/micheladas/
p185 https://www.liquor.com/recipes/frozen-margarita/
p190 (상) https://www.semana.com/cultura/arte/
      (하) https://daily.jstor.org/what-do-sugar-skulls-mean-on-el-dia-de-los-
      muertos/
p192 (상) https://www.nationalgeographic.com/travel/slideshow/sponsor-con-
      tent-eleven-must-see-destinations-day-of-dead-mexico

	(하) https://myend.com/country/mexico/
p198	(상) https://www.thesprucecrafts.com/how-to-make-a-pinata-1252616
	(하) https://luzmedia.co/7-spike-pinata
p208	(상) https://loscincosoles.com/alebrijes-traditional-art-of-mexico/?v=38d-d815e66db
	(하) https://craftsmanship.net/field-notes/alebrijes-handcrafted-monsters-on-parade-in-mexico-city/
p212	(우) https://mymodernmet.com/diego-rivera-murals/
p219	https://www.imdb.com/title/tt0098022/
p224	https://www.heraldnet.com/life/curse-of-la-llorona-conjures-a-handful-of-forgettable-scares/
p225	(좌) https://moviesanywhere.com/movie/pans-labyrinth
p233	https://open.spotify.com/playlist/37i9dQZF1DZ06evO2wpQxW
p240	(하) https://www.odigooviajes.com/cancun/que-ver/la-leyenda-de-la-laguna-de-los-7-colores-bacalar
p249	(상) https://topadventure.com/cultura/Programa-del-Festival-Internacional-Cervantino-del-21-de-octubre-al--30-de-octubre-20221020-0008.html

※ 출처가 기재되지 않은 사진은 저작권자의 허락을 얻었거나 저자가 직접 촬영한 사진입니다.